Johann Wilhelm Christian Steiner

Mathilde, Großherzogin von Hessen und bei Rhein,

Hessens unvergeßliche Landesmutter, nach ihrem Leben und Wirken

Supplementtheil

Johann Wilhelm Christian Steiner

Mathilde, Großherzogin von Hessen und bei Rhein,
Hessens unvergeßliche Landesmutter, nach ihrem Leben und Wirken
Supplementtheil

ISBN/EAN: 9783743456013

Hergestellt in Europa, USA, Kanada, Australien, Japan

Cover: Foto ©ninafisch / pixelio.de

Manufactured and distributed by brebook publishing software (www.brebook.com)

Johann Wilhelm Christian Steiner

Mathilde, Großherzogin von Hessen und bei Rhein,

Mathilde,

Großherzogin von Hessen und bei Rhein,

geborene Königliche Prinzessin von Bayern,

Hessens unvergeßliche Landesmutter,

nach ihrem Leben und Wirken,

von

Hofrath Dr. Steiner,

Historiographen des großh. hessischen Hauses und Landes, Ritter erster Klasse des großh. hess. Philippsordens, Inhaber der k. k. österreichischen goldnen Gelehrten - Verdienst - Medaille, Mitglied der k. Akademie der Wissenschaften zu München 2c.

Supplementtheil.

—⁂—

Darmstadt 1863.
Auf Kosten und im Verlag des Verfassers.

Vorbemerkung.

Zu den §§. 1, 2, 3, 4, 5, 7 und 8 des Haupttheils dieser Biographie folgen nunmehr im vorliegenden Supplemente so viele Zusätze und Erweiterungen nach, daß ich hoffen darf, der Einrahmung des erhabenen Bildes unserer verklärten Landesmutter Mathilde eine nicht unbedeutende Bereicherung gegeben zu haben. Dafür, daß ich sie aus freundlichen und bereitwilligen Händen zeitig genug erhalten habe, um sie bald veröffentlichen zu können, allen jenen hochverehrten Correspondenten meinen verbindlichsten Dank.

Geschrieben am Geburtstage der Hochseligen Großherzogin Mathilde, den 30. August 1863

der Verfasser.

Inhaltsanzeige.

Zu §. 1. Geburt, Taufe. S. 1.

Zu §. 2. Ahnen der Vorzeit, Verwandten der Neuzeit. S. 2.

Zu §. 3. Verlobung und Vermählung zu München, Heimführung nach Darmstadt. S. 3.

Zu §. 4. Die Wohlthätigkeitsanstalten im Großherzogthume Hessen und Großherzogin Mathilde in ihren mildthätigen Beziehungen zu ihnen. S. 22.

Zu §. 5. Lebensverhältnisse, Charakter, Bildung, Hofstaat. S. 56.

Zu §. 7. Ableben, Trauerfeierlichkeit. S. 61.

Zu §. 8. Denkmale des Nachruhms in Zeugnissen der Liebe, Verehrung und Trauer. S. 62.

Zu §. 1.

Geburt. Taufe.

Nachfolgender Auszug aus dem Geburts- und Taufregister der katholischen Dompfarrei zu Augsburg berichtigt
Das, was ich hinsichtlich der Taufe der Prinzessin Mathilde
nach einer mir zugekommenen unrichtigen früheren Mittheilung erzählt habe, wie folgt:

*Auszug aus dem Geburts- und Taufregister der
katholischen Dompfarrei in Augsburg.*

Zu Augsburg wurde im Jahre 1813 den 30. August
um ½10 Uhr Nachts in der ehemalig fürstbischöflichen
Residenz Lit. D, 116, 117, 118 geboren und in der
Hofburg getauft am 31. August 1863:

Mathilde Caroline Friederike Wilhelmine Charlotte,

eheliche Tochter des königlichen Kronprinzen von Bayern,
Ludwig Carl August, katholischer Religion, und der
königlichen Kronprinzessin von Bayern, Therese Charlotte Louise, herzogliche Prinzessin von Sachsen-
Hildburghausen, A. C.

Taufpathe: Ihre Majestät Caroline, Königin
von Bayern.

Stellvertreterin: Tit. Frau Generalin Sophia
Gräfin v. Wrede, geb. Gräfin v. Wieser.

Taufpriester: Der hochwürdigste Herr Dombechant des ehemaligen Domstiftes zu Augsburg, **Friedrich Frhr. v. Sturmfeder**, damals Generalvicar des verwaisten Bisthums Augsburg.

Bemerkung: Wegen des Unwohlseyns des königlichen Kronprinzen wurde am 31. August in der Hofburg getauft, die Taufceremonien aber wurden am 10. October 1813 auf dem vorderen Domchore in Gegenwart des damaligen Provicars geistl. Raths Jos. Ign. Heinrich Lampert, und des zeitlichen Dompfarrers Joh. Georg v. Wagner in der Hohen Domkirche in Gegenwart des k. Kronprinzen mit seinem ganzen Hofstaate feierlichst vorgenommen.

Zur Beurkundung ꝛc. ꝛc.

Nach dieser urkundlichen Mittheilung stellt also das, Seite 4, erwähnte silberne Tableau die Auffahrt von der Hofburg aus nach dem Dom, am 10. October 1813 (nicht 30. August 1813) zu den daselbst in Gegenwart der Eltern und ihres Hofstaates abgehaltenen Taufceremonien vor, nach dem die Prinzessin wegen Unwohlseyns ihres Vaters schon vorher, am 31. August 1813, die Taufe wesentlich aber nur in einfacher Form in der Hofburg erhalten hatte.

Zu §. 2.

Ahnen der Vorzeit. Verwandten der Neuzeit.

Zu den merkwürdigen Ahnen der Vorzeit unserer Großherzogin Mathilde gehört ihre Urgroßmutter, Marie

Louise Albertine, Gemahlin des Landgrafen Georg von Hessen, geborene Gräfin zu Leiningen Dachsburg Hildesheim, der fruchtbarsten deutschen Fürstenmutter, die, als sie am 11. März 1818 im 90. Jahre zu Neustrelitz verstarb, 122 Kinder, Enkel und Urenkel (unter diesen befand sich die damals 5jährige Prinzessin Mathilde) zählte. Sie war eine ausgezeichnete Fürstin, welche auf die Ausbildung und Erziehung ihrer Kinder und Enkel einen hervorragenden Einfluß gehabt hat.

Die Seite 11 erwähnte Großmutter Auguste wird in den „neuen Fragmenten zur Kenntniß der Menschen, Frankfurt 1786", deren ungenannter Verfasser wahrscheinlich der damals lebende W. v. Günderode war, (diese seltene Schrift befindet sich auf der Hofbibliothek zu Darmstadt) folgendergestalt beschrieben: „Die Prinzessin Louise ist eine von den seltenen Schönheiten mit schönem dunkelbraunem Haarwuchs und hellblauen Augen unter dunkelbraunen Augenbrauen, dabei von feinem Wuchs und lieblichen Gesichtszügen. Die Prinzessin Auguste ist ihrer Schwester der Erbprinzessin Luise im Aeußeren sowohl als auch im Charakter am ähnlichsten, sie hat sehr starke dunkle Haare und Augenbrauen über großen blauen Augen.

Zu §. 3.

Verlobung und Vermählung zu München, die Heimführung nach Darmstadt.

Wir theilen das von dem königlich bayerischen Ober-Ceremonienmeisterstab herausgegebene Programm der Vermählungsfeierlichkeit zu München im Trauungssaale der

k. Residenz, Abends 7 Uhr, aus dem besonderen Grunde hier mit, weil derjenige Theil dieses feierlichen Actes, welcher Art. 9 von dem zu gebenden Jaworte der hohen Braut spricht, uns hier nach dem Zeugniß einer noch lebenden bei diesem Acte damals zugegen gewesenen hohen Person, rücksichtlich der von der hohen Braut dabei kundgegebenen Liebenswürdigkeit und Anmuth besonders interessirt, und daher geschichtlicher Ueberlieferung angehört. Der Zeuge sagt, „bei der Frage der beiden nacheinander trauenden Geistlichen, zuerst des evangelischen, rücksichtlich der Confession des hohen Bräutigams und nach ihm des katholischen, rücksichtlich der Confession der hohen Braut je nach dem Ritus ihrer Kirchen, zum Ertheilen des Jaworts, wendete sich die hohe Braut jedesmal mit einer grazienvollen Verbeugung zu ihren königlichen Eltern, durch welche sie sich die Zusage, mittels eines bejahenden Zeichens Seiner Majestät des Königs Ludwig ertheilt, erbat. Da erschien sie in Ruhe und Seelenfriede als eine wahrhaft Verklärte, in ihrem Antlitze mit den kenntbarsten Ausdrücken kindlicher Liebe, frommer, freudig hoffender Hingebung in die Geschicke der Zukunft ihres neuen Lebensberufes, des Vertrauens und der Liebe zu ihrem künftigen Gemahle und des Bewußtseyns der ernsten hohen Bedeutung dieses Schrittes in die Zukunft". Das Programm, durch welches wir dem feierlichen Acte näher geführt werden, lautet wie folgt:

I.

Der feierliche Trauungsact wird Donnerstag den 26. December 1833 um 7 Uhr Abends in dem hierzu bereiteten Saale in der königlichen Residenz vollzogen.

II.

Zu diesem Zwecke versammeln Sich die **Allerhöchsten** und **Höchsten** Herrschaften in dem Appartement Seiner Majestät des Königs um 6¾ Uhr in Begleitung Ihres Dienstes.

Die Herren und Damen vom großen Dienste I. I. K. K. Majestäten um 6½ Uhr im Vorzimmer des königlichen Appartements.

Um 6½ Uhr werden sich im Trauungssaale versammelt befinden: die zu dieser Feierlichkeit geladenen Mitglieder des diplomatischen Corps, deren Gemahlinnen und die am Hofe vorgestellten fremden Herren und Damen; so auch sämmtliche Cortége fähige Herren incl. der Stabsoffiziere, nach den drei Rangesklassen, und die hoffähigen Damen nach denselben drei Rangesklassen, nebst den bei Hofe aufgeführten Fräulein; ferner die Offiziere der königlich bayerischen und königlich griechischen Armee (des beschränkten Raumes wegen) deputationsweise von den Regimentern der Garnison.

Die Damen nehmen auf Tabourets oder Banquettes nach ihrem Range Platz. Die Herren (ohne Ausnahme) stellen sich hinter die Damen auf die Stufen.

Für den Großherzoglich Hessischen Gesandten befindet sich im Trauungssaale ein Betschemmel am Altar, rechts zurück des für S. H. den **Erbgroßherzog** in Bereitschaft stehenden Betschemmels.

III.

Vor dem Eintritte Sr. M. des Königs in den Trauungssaal werden S. H. der **Erbgroßherzog** von Hessen in Begleitung Seines Dienstes, welchem sich der Großherzoglich Hessische Gesandte anschließt, durch den königlichen Oberstceremonienmeister eingeführt, und **Höchstbemselben** der Platz an dem Betschemmel der Epistelseite des Altars angewiesen.

Der Eintritt des Durchlauchtigsten Bräutigams im Trauungssaale bezeichnet den Moment, an welchem der protestantische Pfarrherr von einem königlichen Hoffourier in den Trauungssaal eingeführt, und seinen Platz am Altare einnehmen wird.

IV.

Nun meldet der königliche Oberstceremonienmeister S. M. dem **Könige**, J. M. der **Königin**, und der Durchlauchtigsten Braut, **Höchstwelche** Sich in das Appartement des **Königs** begeben hat, daß S. H. der **Erbgroßherzog** im Trauungssaale angelangt sey.

J. J. K. K. **Majestäten**, in Begleitung J. K. H. der Prinzessin **Mathilde** und der höchsten Herrschaften, verfügen sich unter Voraustretung der sämmtlichen Herren des großen Dienstes, und gefolgt von den königlichen Oberst- und Oberhofmeisterinnen, den Pallast = Schlüssel= und Hof=Damen in den Trauungssaal, und zwar in nachstehender Ordnung:

a. J. J. M. M. der **König** und die **Königin**, zwischen Allerhöchstdenselben die Durchlauchtigste Braut; rechts des **Königs** der Capitaine des Gardes, links der **Königin** Allerhöchst Ihr Oberhofmeister.

b. J. M. die **Königin Wittwe**, und J. K. H. die **Kurfürstin Wittwe**; rechts der **Königin** Allerhöchst Ihr Hofmarschall, links der **Kurfürstin** Höchst Ihr Oberhofmeister.

c. J. J. K. K. H. H. der **Kronprinz** und Prinz **Carl**, Ihre Adjutanten zur Seite.

d. S. H. der Herzog **Max**, und J. K. H. die Herzogin **Luise**; links des Herzogs der Hofcavalier, rechts J. K. H. der Herzogin Höchstderselben Oberhofmeister.

Die Schleppen der Hofmäntel der **Allerhöchsten** und **Höchsten** Herrschaften werden von den Oberst- und Oberhofmeisterinnen, oder von den als solche functionirenden Schlüssel-Damen in dem Appartement und im Trauungssaale getragen.

V.

Die **Allerhöchsten** und **Höchsten** Herrschaften begeben Sich auf Ihre Sitze in der von S. M. dem **Könige** genehmigten Ordnung.

Die Herren vom Dienste ordnen sich zur rechten, die Damen zur linken Seite des Thrones, diese auf ihre Tabourets.

Der königl. Oberstceremonienmeister stellt sich vor die Stufen des Thrones, ihm seitwärts die beiden königl. Ceremonienmeister.

VI.

Vom Augenblick des Eintrittes an werden sechzig in kurzen Zwischenräumen sich folgende Kanonenschüsse abgefeuert.

VII.

Bei dem von S. M. dem **Könige** gegebenen Zeichen den Trauungsact zu beginnen, begibt sich der königl. Oberstceremonienmeister zu S. H. dem **Erbgroßherzog**, und gibt Höchstdemselben durch eine Verbeugung zu erkennen, daß **Seine Hoheit** demselben zu dem in Bereitschaft stehenden Betschemmel am Altare folgen möge; hierauf tritt der königl. Oberstceremonienmeister vor S. K. Hoheit den **Kronprinzen**, und bezeichnet mit einer Verbeugung den Moment, in dem Höchstderselbe die Durchlauchtigste Braut Hand in Hand ebenfalls zu dem Betschemmel am Altare, und zur Linken des Durchlauchtigsten Bräutigams zu führen belieben werden.

Der königl. Oberstceremonienmeister geleitet die Höchsten Herrschaften dahin.

Die Hofdame und der Kämmerer vom Dienste J. K. H. der Prinzessin M a t h i l d e folgen Höchstderselben; sie stellen sich rückwärts der am Betschemmel befindlichen Stühle, und bleiben während des Trauungsactes allda stehen.

VIII.

Sobald die Durchlauchtigste Braut vor dem Schemmel angelangt ist, kehren S. K. H. der Kronprinz auf Höchst-Ihren Platz am Throne zurück, und der erste Trauungsact, der protestantische, nimmt seinen Anfang, und wird nach dem gewöhnlichen Ritus in nachstehender Art vollzogen.

IX.

Der die Trauung verrichtende Pfarrherr beginnt diese Handlung mit einer kurzen Anrede an die Durchlauchtigsten Verlobten; am Schlusse derselben wird der Durchlauchtigste Bräutigam zuerst um das J a w o r t gefragt, und nachdem dasselbe ausgesprochen worden, und der protestantische Pfarrherr auch von der Durchlauchtigsten Braut das J a w o r t gefordert hat, wenden sich J. K. H. die Prinzessin M a t h i l d e zu Ihren Königlichen Eltern, und erbitten Sich durch eine tiefe Verbeugung die allergnädigste Zusage, welche S. M. der K ö n i g durch ein bejahendes Zeichen zu erkennen geben, und das J. K. H. zu einem lautauszusprechenden J a berechtigt.

Nachdem die beiden Jaworte gegeben sind, werden die Ringe von dem die Trauung vollziehenden Pfarrherrn dargereicht, und in der Weise von den Durchlauchtigsten Verlobten gewechselt, daß S. H. der Erbgroßherzog den Ring J. K. H. der Prinzessin Mathilde, Höchst= diese jenen des Durchlauchtigsten Bräutigams in Empfang nehmen.

Nach geschehener Auswechselung der Ringe knieen Sich die Durchlauchtigsten Verlobten auf den Betschemmel nieder, und reichen Sich auf die Aufforderung des protestantischen Pfarrherrn (mit abgezogenen Handschuhen) die rechten Hände, auf welche der Priester seine Hand legt, und die Trauung vollzieht.

Derselbe spricht hierauf ein kurzes Gebet, welchem der priesterliche Segen folgt.

X.

Hiermit ist die erste Trauung vollendet, und die Durchlauchtigsten Verlobten erheben Sich von der knieen= den Stellung.

Der protestantische Pfarrherr tritt mit seinen Assi= stenten vom Altare ab, und stellet sich an die Seite desselben.

Nun wird von dem königl. Hoffourier der hochwürdigste Bischof in Kenntniß gesetzt, daß der erste Trauungsact vollzogen sey; der Bischof wird mit seiner assistirenden Geistlichkeit im Trauungssaale eingeführt, wo er sich sogleich an den Altar begibt.

XI.

Nun beliebt das Durchlauchtigste Brautpaar die wäh= rend der ersten Trauung gewechselten Ringe auf den von dem königlichen Oberstceremonieumeister Höchstdemselben dargereichten Teller zu legen.

XII.

Der königl. Oberstceremonienmeister übergibt diesen mit den Ringen dem geistlichen Ceremoniarius, und der hochwürdigste Bischof vollziehet nunmehr die zweite Trauung nach dem römisch-katholischen Ritus.

XIII.

Der hochwürdigste Bischof beginnt diese Handlung mit Einweihung der Ringe, worauf derselbe eine kurze Anrede hält.

Dieser folgt die Aufforderung zum Jaworte, wobei, nachdem S. H. der Erbgroßherzog dieses zuerst ausgesprochen haben, J. K. H. die Prinzessin-Mathilde dasselbe, wie es bei der ersten Trauung bemerkt worden, zu beobachten belieben werden.

Auf die vorige Weise werden die Ringe von den Durchlauchtigsten Verlobten gewechselt, und die beiden rechten Hände sich gereicht, welche der hochwürdigste Bischof mit der Stole belegt, und den Segen spricht.

Dann folgt das Schlußgebet, dem das Durchlauchtigste Brautpaar, wie vorhin knieend beiwohnt.

XIV.

Während der von dem protestantischen und dem katholischen Priester abgehaltenen Reden lassen Sich J. J. K. K. Majestäten und Höchsten Herrschaften auf Ihre Sitze nieder; Sie erheben Sich bei der beginnenden ersten und zweiten Handlung der Trauung, und wohnen den geistlichen Verrichtungen bei dem Trauungsacte stehend bei.

XV.

Nachdem die Trauung vollzogen ist, verläßt das Durchlauchtigste Ehepaar den Schemmel am Altar, macht den königlichen Eltern eine tiefe Verbeugung, und beliebt Sich auf die von dem königlichen Oberstceremonienmeister angezeigten Plätze, J. K. H. die Erbgroßherzogin zur linken Seite HöchstIhres Gemahls, niederzulassen.

Hierauf entfernt sich der hochwürdigste Bischof.

XVI.

Mit dem Abgange der Geistlichkeit ist der Trauungs-act geschlossen, und J. J. K. K. Majestäten verlassen HöchstIhren Thron, um sich nach dem Audienzsaale zu verfügen.

Der Zug dahin geschieht in derselben Ordnung, wie beim Eintritte in den Trauungssaal, nur mit dem Unterschiede, daß unmittelbar nach den königlichen Eltern folgend, und vor HöchstIhrer Frau Großmutter der Königin Wittwe Majestät, und J. K. H. der Kurfürstin gehend, das Durchlauchtigste Ehepaar Sich dem Zuge einreihet.

XVII.

Im Audienzsaale nehmen J. J. K. K. Majestäten und die Höchsten Herrschaften unter dem Thronhimmel in der von Seiner Majestät genehmigten, und von dem königlichen Oberstceremonienmeister angezeigten Sitzordnung Platz. Sie empfangen allda in einem abzuhaltenden allgemeinen Cercle die Glückwünsche von den Mitgliedern des diplomatischen Corps, deren Gemahlinnen, und von den am königl. Hofe präsentirten fremden Herren und Damen.

Sobald dieser Cercle geendigt ist, beginnt der Salût du trône (ohne Handkuß) in zwei Verbeugungen, die erste gegen die Königlichen E l t e r n M a j e st ä t e n, die folgende gegen das Durchlauchtigste Ehepaar gerichtet, zuerst von den Damen nach ihrem Range, und hierau in derselben Weise von den sämmtlich anwesenden hof= befähigten Herren (mittelst Aufrufes).

XVIII.

Nach dieser Aufwartung begeben Sich J. J. K. K. M a j e st ä t e n und die Höchsten Herrschaften mit dem Gesammtdienste in üblicher Ordnung in den Saal, wo das königliche Banket Statt findet.

XIX.

An dem Banket nehmen allein die Allerhöchsten und Höchsten Herrschaften Theil; es wird dieses hinsichtlich der Localität sowohl, als aller hierbei zu beobachtenden ceremoniellen Bestimmungen durchaus mit den an Neu= jahrstagen üblichen Banketen gleichartig abgehalten.

Es werden demnach die vorhin bei der Audienz und bei dem Salût du trône anwesenden Herren und Damen, mit Ausnahme derjenigen vom großen Dienste, den Banketsaal nach dem ersten Trunke des Königs verlassen, und die Tafelmusik wird beginnen.

XX.

So wie J. J. K. K. M a j e st ä t e n Sich von dem Banket erheben, und in Ihr Appartement Sich zurück= ziehen, ist die Feierlichkeit des Tages geschlossen.

XXI.

An diesem Abend ist der königliche Hof in großer Galla.

München im December 1833.

Königl. Bayr. Oberstceremonienmeister=Stab.

Als ebenfalls hierher gehörig und das Leben der Großherzogin Mathilde in mehrerer Beziehung sinnig und ahnungsvoll berührend, theilen wir 1) die Traurede des evangelischen Decans und ersten Stadtpfarrers an der evangelischen Kirche zu München Dr. Fr. Boeckh und 2) die Anrede des Weihbischofs von München, Directors von Streber, hier mit.

I.

Im Namen Gottes des Vaters, des Sohnes und des heiligen Geistes. Amen.

Andächtige, Hochverehrte!

Eine schöne, feierliche Stunde, begrüßt von zwei erhabenen Fürstenhäusern, gesegnet von zwei blühenden Ländern, willkommen geheißen von dem biedern Volke der Bayern, wie der Hessen; eine Stunde, die nah und fern, an den Ufern der deutschen Ströme, unter Hohen und Niederen die innigste Freude erweckt, ist heute angebrochen. Vor den Augen des allwissenden Gottes, in der gnadenvollen Gegenwart Dessen, welcher mitten unter uns zu seyn verheißen hat, umschlossen von dieser hohen, glänzenden Versammlung, sind die Durchlauchtigsten Verlobten erschienen, den Bund ihrer Herzen unwiderruflich zu schließen, ihn weihen, segnen, bestätigen zu lassen, im Namen des dreieinigen Gottes. O froher Tag, wenn angeblickt von den Augen treuer Liebe, gesegnet von theilnehmenden Verwandten, zwei Verlobte sich verbinden auf immer; o festlicher Augenblick, wenn das ernste und doch freudige Ja über ihre Lippen, aus ihrem Herzen kommt, wenn der Himmel sich aufschließt und das auf Erden gesprochene Ja am Throne Gottes bekräftiget wird! Was rührt, was bewegt das Herz in solchen Stunden? Ist es Dank gegen Gott, den himmlischen Vater, der alle Tage unseres Lebens in seiner Hand hat, der unser Schicksal lenket nach seinem Wohlgefallen, der die Herzen der Menschen sich finden, die Seelen sich einigen läßt? Ist es Freude über die wunderbaren Führungen des Herrn, über seine Weisheit, die Alles zum Besten lenkt, über seine Liebe, die mit hellen, freudigen Stunden, mit Sonnenblicken seiner Gnade uns segnet? Ist es Demuth, das niederbeugende Bewußtseyn, daß wir seiner Liebe und Treue nicht werth seyen, daß er unendlich mehr an uns thue, als wir bitten und verstehen? Es ist dies alles; in Dank, in Freude, in Demuth schlägt das Herz in solchen Stunden; wo irgend das ernste Gelübde der Treue ausgesprochen wird, da strömt die Seele über in heiligen Empfindungen.

So hebt auch Ihre Brust, Durchlauchtigste Verlobte, sich jetzt in unaussprechlichen Gefühlen, und rührend, ergreifend steht die Liebe Ihres Gottes, steht seine wandellose Treue vor Ihren Blicken. Daß Sie gegenseitig sich gefunden; daß Ihre Herzen in freier Wahl, in schönem Einklang der Gefühle zusammenstimmen; daß die Königlichen, die Großherzoglichen Eltern freudig Ja gesprochen, mit Thränen der Hoffnung Sie gesegnet; daß zwei ehrwürdige deutsche Fürstenstämme durch Ihren Bund noch näher verknüpft, noch inniger verschlungen werden; daß Millionen heiße Wünsche und Gebete aus treuer Völker Herzen für Sie aufsteigen zu dem Thron der Gnade: das rührt, bewegt Ihr Herz in seinem tiefsten Grunde, und jenes fromme Wort des königlichen Sängers ist der Grundton Ihres Innern: Lobe den Herrn meine Seele, und was in mir ist, seinen heiligen Namen; lobe den Herrn, meine Seele, und vergiß nicht, was er dir Gutes gethan hat. Psalm 103, 1. 2.

Gesegnet war die Vergangenheit, beglückend wird die Zukunft seyn. Denn hoch über dem Wechsel alles Irdischen, über den Freuden, Sorgen und Thränen der Menschen wohnet die ewige Liebe, jene Liebe, die einst den Thron der Himmel verließ und zu den Kindern des Staubes sich erniedrigte; jene Liebe, die den Kampf, das Kreuz, den bittern Tod gewählet hat um unseret willen; jene Liebe, die zu Lobgesängen einst die Engel begeisterte, deren Ruhm wir singen in diesen frohen Weihnachtstagen, deren Lob wir verkünden in den Worten: **Ehre sey Gott in der Höhe, Friede auf Erden und den Menschen ein Wohlgefallen.** Sie, die Liebe Jesu Christi des Gekreuzigten, hat die Erde ausgeschmückt zum Himmel, das verlorne Paradies dem sündigen Geschlechte der Menschen wiedergebracht, die Vergangenheit versöhnt, die Gegenwart belebt, die Zukunft freundlich aufgehellt. Wo sie in unsern Bündnissen waltet, mit himmlischer Kraft alle Verhältnisse des Lebens durchdringt, da erblüht das Glück, und die Freude, und der Friede, welchen wir ahnen und suchen. Außer ihr, fern von der Liebe des Herrn, ist kein Friede, ist, wie die Geschichte aller Tage lehrt, nichts zu finden, als vergebliches Wünschen, und unbefriedigtes Sehnen, und eine Lust, die nach Allem hascht, ohne jemals einen Stillstand zu finden für die unruhige Seele. In der Liebe Christi aber, auf ihrem geheiligten Boden erwächst Alles, was den Geist befriedigt, die Seele stärkt, den

Willen hinlenkt zum rechten Ziele. Gesegnet von Oben ist jedes Verhältniß auf Erden, das geheiliget ist durch frommen Glauben, durch treue Christusliebe. Gesegnet mit allen wünschenswerthen Gütern, ein Bund im Himmel geschlossen ist jede Ehe, in welcher die reine, heilige, treue, aufopfernde Liebe des Sohnes Gottes sich abspiegelt. Denn die irdische Liebe, wie anmuthig sie sey, wie hoch sie die Herzen entzücke, verwelket; der Hauch der Vergänglichkeit nimmt sie dahin. Die himmlische Liebe aber, die ihre Wurzeln in festen Boden geschlagen, dauert ewig, ihre Schönheit wächst, ihre Jugend altert nicht. Enge, mit unauflößlichen Banden, zu edlem Genusse des Lebens, zu festem, begeistertem Trachten nach dem Reiche Gottes, nach dem Einzignothwendigen knüpft sie die Herzen; doppelt macht sie Alles in den fest verbundenen Seelen, die Lust, wie den Schmerz, den Kampf, wie den Frieden, und die sich ihr zum festen Eigenthum geweiht, sprechen Eines zu dem Andern in schöner Begeisterung: S a g e n i c h t, d a ß i c h d i c h v e r l a s s e n s o l l t e, u n d v o n d i r u m k e h r e n. W o d u h i n g e h e s t, d a w i l l i c h a u c h h i n g e h e n; w o d u b l e i b e s t, d a b l e i b e i c h a u c h. D e i n V o l k i s t m e i n V o l k, u n d d e i n G o t t i s t m e i n G o t t. W o d u s t i r b s t, d a s t e r b e i c h a u c h; d a w i l l i c h a u c h b e g r a b e n w e r d e n. D e r H e r r t h u e m i r d i e s u n d d a s, d e r T o d m u ß m i c h u n d d i c h s c h e i d e n. Muth. 1, 16. 17.

Heil Ihnen, Durchlauchtigste Verlobte, diese Liebe, die ein Abbild ist der höhern, himmlischen Liebe, wohnt auch in Ihrem Herzen! Mit reiner Zuneigung, mit fester Treue fassen S i e, Gnädigster

Fürst und Herr, die Hand Ihrer hohen Braut, und führen die Erwählte im Glanze der Jugend und Anmuth, geschmückt mit den edeln Tugenden der Milde und Herzensreinheit den in der Ferne harrenden **Durchlauchtigsten Eltern und Geschwistern** als liebevolle Tochter und Schwester, dem Lande als huldreiche Fürstin entgegen. An der Seite **Eurer Hoheit**, an **Ihrem** fürstlichen Herzen wird die geliebte Königstochter, die unseres Landes Stolz und Freude ist, das reinste Glück, den edelsten Frieden der Seele genießen. Mit der innigsten Freude, mit dem größten Vertrauen übergeben **Ihnen die Königlichen Eltern**, deren Augen jetzt gerührt auf **Ihnen** ruhen, die geliebte Tochter, das zweite Kind, welches sie seit kurzer Zeit zu schönem Berufe mit freudiger Hoffnung aus ihren Armen entlassen. Gottes Segen ruhe auf **Ihnen, Durchlauchtigster Prinz**; an dem frohen Tage, wo die **erhabenen Eltern, Geschwister und Verwandten** mit doppelter Rührung **Sie** segnen, wo das theure Land **Ihrer** Väter die innigsten Wünsche **Ihnen** sendet, umschließe **Sie** reichlich Gottes Gnade, und erhelle die Bahn, welche **Sie** gehen!

Ihnen aber, **Gnädigste Prinzessin** — **Sie** fühlen es, **Sie** danken es dem Herrn — ist eine schöne Zukunft aufgegangen. An der Hand des Edlen, den **Ihr** Herz sich erkohr, den hohe Fürstentugenden schmücken, gehen **Sie** einer großen Bestimmung mit Freuden entgegen, und bitten den Herrn, den Gott **Ihrer** Väter, daß er mit seiner Kraft **Sie** stärken, mit seiner Liebe **Sie** segnen wolle zur Erfüllung **Ihres** schönen Berufes. Des **Königlichen Vaters**, der

Königlichen Mutter Segen folgt Ihnen nach. Die gute, zärtlich liebende Tochter ist immer der Gegenstand heißer Wünsche und inbrünstiger Gebete gewesen; heute aber, in diesem feierlichen Augenblicke strömt die volle Vater- und Mutterseele über in lauter Wunsch und Flehen und Segen. Und mit den **Königlichen Eltern** vereiniget ihre Wünsche die **erhabene Königin Großmutter**, welche mit tiefer Rührung, auch im Namen eines **theuren Seligen**, mit dem edlen Schwestersohne die geliebte Enkeltochter segnet; — vereinigen ihre Wünsche die **Durchlauchtigsten Geschwister und Verwandten**, die nicht Worte genug haben, die Empfindungen ihres Herzens der theuren Schwester und Freundin auszudrücken. Gott aber versteht die unausgesprochenen Gedanken; auch die Segenswünsche, die von Hellas Thron herüber der **geliebte Bruder** sendet, legt er auf der Schwester Herz, und macht sie kräftig! So segnet Alles nah und fern den frohen Tag, wo **Eure Königliche Hoheit** dem edlen Fürstensohne sich vermählen, und Millionen beten zu dem Herrn, daß dort in **Ihrer** zweiten Heimath **Ihr** Schicksal sanft und milde, schön und freundlich sich entwickeln möge. Gott, unser Herr und Heiland, sey mit Ihnen, **Durchlauchtigste Braut**; die Fülle seiner Gnade gieße er aus über alle Tage **Ihres** Lebens, und für und für sey der Herr **Ihr** Schirm und Schild, **Ihr** Hort und **Ihr** Erlöser! Amen.

(Hierauf wurde die Trauung nach dem in der evangelischen Kirche gewöhnlichen Ritus vollzogen.)

Gebet nach der Trauung.

Gott, erhöre! Was wir im Staube jetzt von dir erflehet haben, dazu sprich in deinem Himmel Ja und Amen! Dreieiniger, mit den Augen deiner Liebe siehe herab auf diese Herzen, die vor deinem Angesichte, beseelt von deiner Furcht das Gelübde der Treue ausgesprochen haben. Sey du in allen Tagen ihres Lebens ihr Vater, ihr Erlöser, ihr Tröster; erfülle sie ohne Unterlaß mit der Kraft, mit dem Frieden deines Geistes; sey mächtig in ihnen zu aller Zeit, daß sie mit fester, wandelloser Treue sich lieben bis ans Ende, daß sie wechselseitig das Leben sich versüßen, daß ihr Bündniß für und für gesegnet sey durch Glauben, Eintracht, Frieden.

Herr aller Herren! den König, deinen Gesalbten, den reichgesegneten Vater seines Hauses und seines Landes, kröne mit der Fülle deiner besten Gaben, und seinem milden, gerechten Scepter laß erblühen Wahrheit, Recht und Frieden, daß die treue Liebe eines dankbaren Volkes auch fürder die schönste Zierde seines Thrones sey. Die Königin, die glückliche, gesegnete Mutter, schmücke fort und fort mit dem vollsten Maaße deines Friedens, und was ihr Herz sich wünscht, in frommem Gebete sich erfleht, gewähre ihr nach deiner Gnade. Gott, mit den Flügeln deiner Allmacht decke das ganze hohe Königshaus, beschirme Alle, die nah oder fern ihm verwandt und verbunden sind, und deinen Segen, der das Beste stets gewährt, laß groß werden über Denen, die wir lieben. Erhöre uns um Christi willen, in dessen Namen wir ferner beten: Vater unser ꝛc.

(Segen.)

II.

Der gegenwärtige Augenblick ist für Eure Königliche Hoheit und für Eure Großherzogliche Hoheit einer der wichtigsten Ihres Lebens; lassen Sie mich daher einige Worte hierüber sprechen und Ihrem Gedächtniß tief einprägen.

Eure Königliche Hoheit stehen im Begriffe, Vater und Mutter und den schönen Kreis Ihrer Sie liebenden Geschwister zu verlassen und sich auf lange von ihnen zu trennen. Noch ist die tiefe Wunde, welche vor Jahr und Tag eine ähnliche Trennung dem mütterlichen Herzen geschlagen hat, nicht ganz vernarbt; die gegenwärtige wird sie vielleicht auf ein neues aufreißen und die Stunde des Abschiedes zu einer Trauerstunde machen. Ich finde in einem solchen, auch dem Herzen einer Königin Mutter schweren Augenblicke nur in der Ueberzeugung Trost, daß die Scheidende glücklich wird und auch andere glücklich macht. Ja, das werden Eure Königliche Hoheit, an der Seite Ihres Bräutigams Großherzogliche Hoheit, der Seine ganz außerordentliche Liebe zu Seiner königlichen Braut auf eine so unzweideutige Weise öffentlich bekannt hat, dessen Familie mit dem Hause Wittelsbach schon lange so glücklich verwandt ist.

Eure Großherzogliche Hoheit feiern heute Ihre Vermählung am Geburtstage Ihres Herrn Vaters, folglich ein doppeltes Fest für das Großherzogliche Haus Darmstadt, das der Familie Wittelsbach einen König und eine Kaiserin geschenkt hat. Ihre Frau Mutter, Großherzogliche Hoheit, kann zwar dem heutigen Freudenfeste nur in Gedanken beiwohnen; aber ihre Frau

Schwester, **Königin Wittwe Majestät**, genießt die Freude, ihren lieben Enkel durch diese Verbindung glücklich und am Ziele aller seiner Wünsche zu sehen. Fünfzig Jahre genoß Ihr Ahnherr das seltene Glück einer gesegneten Ehe; möchte der Himmel auch Ihnen diese seltene Freude aufbewahren!

Lassen Sie uns also, ehe ich Ihnen den bischöflichen Segen ertheile, Gott im Himmel bitten, daß er diese unsere Wünsche erfülle, und die Neuvermählten so glücklich werden, wie es Ihre königlichen Eltern sind.

Weiter erwähnen wir an dieser passenden Stelle, bezüglich auf die Abreise der Erbgroßherzogin Mathilde nach Darmstadt, daß sie einige Tage zuvor ihren verehrten Lehrern persönlich ein Lebewohl sagte und jeden derselben mit schönen Geschenken zum Andenken erfreute. Auf gleiche Weise beglückte sie alle Personen ihrer näheren Umgebung mit Zeichen ihres Wohlwollens. So erhielt am 27. December die freie Scheibenschützengilde zu Berchtesgaden von ihr ein blau und weiß seidenes, mit Silber und Gold gesticktes, Fahnenband zu der von ihrer Mutter der Königin Therese zwei Jahre vorher dieser Gesellschaft verliehenen Schützenfahne, mit folgendem Begleitungsschreiben der Hofdame, Amalie Freiin von Rottenhof, „daß Ihre Königliche Hoheit den Bewohnern des Marktes Berchtesgaden freundlichst melden lassen, daß Höchstsie der in ihrer Mitte verlebten angenehmen Tage sich stets mit Vergnügen erinnere." Die hierdurch hochgeehrte Schützengesellschaft veranlaßte alsbald zu Ehren der allen Bewohnern Berchtesgadens unvergeßlichen vielgeliebten Prinzessin einen Ball und beschloß noch eine besondere Nachfeier durch ein am nächsten 1. Mai 1834, abzuhaltendes Festschießen zu veranstalten.

Zu §. 4.

Die Wohlthätigkeits-Anstalten im Großherzogthum Hessen. Die Großherzogin Mathilde in ihren wohlthätigen Beziehungen zu ihnen.

Den hier, Seite 50 f., aufgezählten Anstalten ist noch beizufügen: der Mathilden-Verein, ein Frauenverein zu Darmstadt, welcher sich die Aufgabe stellt, sittlich verwahrloste Kinder entweder in Familien oder in Rettungshäusern unterzubringen. Die Großherzogin Mathilde unterstützte diesen Verein jährlich mit einem Beitrag von 100 fl. Dieser für die Rettungsanstalten zu Arnsburg, Hähnlein und Jugenheim (S. 68) wirkende und arbeitende Hülfsverein ist in neuerer Zeit im Begriffe, an die Stelle der alten, durch die Erfahrung größtentheils unbrauchbar gewordenen Statuten, neue, mit den nöthigen Veränderungen aufzustellen und seine bisherige Thätigkeit nach Kräften fortzusetzen.

Welche Theilnahme S. K. H. der Großherzog Ludwig III., S. G. Hoheit der Prinz und J. K. Hoheit die Prinzessin Karl von Hessen der Taubstummen-Anstalt zu Friedberg, dem Mathilden-Landkrankenhause, den barmherzigen Schwestern, dem Elisabethenstift, dem Rettungshause zu Hähnlein, der Blindenanstalt zu Friedberg und dem Mathildenstift am Mathildentage 1863 bezeigten, ist im §. 8, Nr. 3, 4 und 6 bemerkt.

Die Menge der Thatsachen, welche uns durch die Theilnahme der Großherzogin Mathilde an den von uns aufgezählten Wohlthätigkeitsanstalten, so viele deren auch in neuerer Zeit im edeln Bestreben ihrer verdienstvollen Stifter entstanden sind, begegnet, war es, wie schon einmal bemerkt, (S. 47) nicht allein, wodurch sie ihr wohlthätiges Bestreben selbst während ihrer letzten Krankheit durch ein an das Elisabethenstift verabfolgtes Geschenk von 12 neuen nach dem Muster der ihrigen verfertigten bequemen Krankenbetten zu befriedigen suchte, sie war hierin auch noch nach zwei andern Richtungen thätig und zwar 1) bei erlittenen Verlusten der durch Brand- und Wetterschaden unglücklich gewordenen Hessischen Unterthanen und 2) für verschämte Armuth oder offenkundige Bedürftigkeit; jene im Stillen, diese auf eingezogene Berichte durch ihre Erstatter. Da wir in beiden Fällen der an Familien und einzelne Personen verabreichten Gelder, Kleider, Uebernahme der Kosten für Aerzte und Apotheker u. s. w., aus Discretion gegen die Unterstützten, deren Namen zu veröffentlichen Anstand nehmen, so dürfte dieses bis zu der Zeit, wo einstens die Geschichte auf unbefangene Weise reden darf, ausgesetzt bleiben, dagegen werden im ersten Falle, wo oft der größere oder größte Theil der Einwohner einer Gemeinde oder eines Bezirks, mehrere derselben, ja wo zuweilen viele Markungen eines Bezirks verwüstet wurden, die Namen der betreffenden Gemeinden genannt werden. Sie sind, so weit wir bis jetzt Notizen erhalten konnten, folgende: Bingen, welche Stadt vom 29./30. April 1850 ein großes Brandunglück traf (s. Dr. Reuscher, die Feuersbrände der Stadt Bingen, S. 52 f., ausführlich beschrieben.) In dieser Schrift bemerkt der Verfasser: „den erhebensten Eindruck auf die Bürgerschaft machte es, daß im Anfang Mai

(1850) unsere Landesfürstin, die Großherzogin Mathilde, zur Brandstätte kam. Als sie die ungeheure Verwüstung übersah, entflossen ihrem milden Herzen Thränen, die ihr ein bleibendes Andenken verschafften, und die heute noch in Liedern und Reden von der Bürgerschaft gefeiert werden", wozu auf mein Ersuchen bezüglich auf Reden und Lieder und Unterstützung der Großherzogliche Herr Bürgermeister Soherr Folgendes bemerkt: "Bei jeder festlichen Gelegenheit, als Festessen 2c., wird die fragliche Wohlthätigkeitshandlung in Toasten erwähnt und der hohen Frau dankbar gedacht, und ist es wahrscheinlich, daß auch bei einzelnen Gelegenheiten in Gedichten und Liedern daran erinnert wurde; leider bin ich nicht im Stande, Ihnen derselben senden zu können." Ihre Unterstützungen gab sie theils für sich an arme Personen, zwei Mal mit je 200 fl., sodann im Vereine mit ihrem Gemahle und der Großherzoglichen Familie, den Prinzen Karl und Alexander und der Prinzessin Karl zu der von da aus an das Unterstützungscomité überlieferten bedeutenden Summen. 2) Klein=Umstadt, Kreises Dieburg, wo am 14. Aug. 1859 in wenigen Stunden 54 Häuser, 46 Scheunen und 100 Nebengebäude ein Raub der Flammen geworden sind. JJ. KK. HH. der Großherzog und Gemahlin Mathilde, die obengenannten Prinzen des Großherzoglichen Hauses und die Prinzessin Karl K. Großh. HH. unterstützten die Abgebrannten mit bedeutenden Summen. 3) Bei der im Frühjahr 1845 in Folge einer großen Ueberschwemmung der Rhein= und Mainufergegenden, wodurch in den niederen Lagen vieler Dörfer eine Menge Gebäude beschädigt wurden, deren Reparaturen großentheils durch öffentliche Beiträge geschah, sowie 4) bei dem großen Wetterschaden, welcher die Gemeinden Seligenstadt, Froschhausen und Kleinkrotzenburg im Sommer 1853 erlitten hatten, betheiligte sich die Großherzogin an den jedesmal reichlich fließenden Unterstützungsgaben ihres Gemahls und der Großherzoglichen Familie. Aus Oberhessen, wo, wie z. B. zu Radmühl, Kreises Lauterbach, oft sommerliche Wetterschäden ganze Fluren verwüstet haben, sind uns nähere Notizen bis jetzt ausgeblieben.

Das reine von keinen selbstsüchtigen Nebenabsichten bewegte Bedürfniß Wohlthaten zu verbreiten, hatte immer den Vorzug vor vielen andern ihrer Angelegenheiten; nichts hinderte sie an dieser Ausübung z. B. Abwesenheit auf Reisen bei auswärtigen längeren Besuchen. In diesem Falle beauftragte sie Personen ihres Vertrauens mit Vertheilung der ihnen zugestellten Geldsummen an Bedürftige*). Wie sie selbst während ihrer letzten schmerzlichen Krankheit wohlthätige Handlungen übte, haben wir bereits oben erwähnt. In dieser ihrer großartigen Eigenschaft lag daher die natürliche, keineswegs gesuchte, Kraft, jede in der Brust des Widersachers auftauchende

---

*) Eine dieser Vertrauenspersonen war vorzugsweise die als milde Helferin armer, als Trösterin und Pflegerin kranker Personen allgemein hochgeachtete Frau Katharina Keßler, geborene Pfeil, Ehegattin des Bäckermeisters Keßler zu Darmstadt, Mitglied mehrerer Wohlthätigkeitsvereine, gestorben am 9. April 1863, die, wie Stadtpfarrer Ritsert in seiner am 12. April gehaltenen Grabrede (jetzt im Drucke erschienen) sagt „von dem Odem heiliger Liebe angehaucht, Thränen getrocknet, Kranke gepflegt, Wittwen und Waisen in ihrer Trübsal besucht und sich von der Welt unbefleckt erhalten hat."

Begierde zu kleinlicher Verunstaltung edler Bestrebungen und wahrer Sachverhältnisse, im Entstehen zu vernichten, und an deren Stelle Schamgefühl zu wecken, ein mächtiger Zauber zum Bestehen der nur wenigen Menschen, aber ihr der Großherzogin zu gut kommenden Thatsache „sie hatte keine Feinde".

Wiewohl einem constitutionellen Regenten und seinem Hause im Hinblick auf die durch die Constitution gehobene und geheiligte Würde eines Staatsoberhauptes und auf das damit gestiegene hohe Ansehen seines ganzen Hauses und aller dazu gehörigen Glieder für deren Bedürfniß, in Ermangelung eigenen Vermögens, aus dem öffentlichen Einkommen die zulänglichsten Mittel rechtmäßig und consequent zur Verfügung gestellt werden müssen, so besteht im Großherzogthum Hessen die Ausübung dieser subsidiären Pflicht des Staats gegenwärtig nicht, sondern es werden die Bedürfnisse des Großherzoglichen Hofes und Hauses aus dem Großherzoglichen Familienvermögen vorzugsweise bestritten, wobei noch zum Vortheile der Steuerpflichtigen aus dem Einkommen dieses Vermögens gegenwärtig in der Finanzperiode 1863/65 330,000 fl. der Staatskasse zufließen.

Vergleichen wir hiernach die von der Großherzogin gespendeten Unterstützungen mit der directen Quelle der hierzu verwendeten Geldsummen (abgesehen davon, daß an der Stelle dieser primären Quelle eine subsidiäre aus der Staatskasse rechtmäßig wäre), so waren zu ihrer Zeit damit zu Dank verpflichtet nicht allein Diejenigen, welche ihrer Wohlthaten theilhaftig gewesen sind, sondern auch jene Steuerpflichtigen, welche blos den eigenen Vortheil im Auge hatten und nicht weiter zu denken glaubten.

Damit war aber dem Kleinlichen die Spitze gebrochen und überhaupt der Werth echter Majestät, Gnade und Milde zu üben, alles Gute und Schöne zu bewahren, aus ihrem Bereiche alles Kleinliche zu entfernen (f. §. 8, Nr. 12, aus Professor G. Zimmermanns Ansprache) sichtbar und deutlich vor Augen gestellt.

Wie bezüglich auf die Großherzogliche Civilliste und ihre primäre Quelle, das Großherzogliche Familienvermögen, neuerdings unrichtige Ansichten im Publikum zu verbreiten gesucht wurde, zeigen zwei interessante Aufsätze in der Darmstädter Zeitung, Nr. 112, 151, deren mir unbekannte gelehrte und practisch erfahrne verdienstvolle Verfasser als Mann des Faches über diesen Gegenstand, eingehend ins Detail, gründlich und in lichter, Jedermann verständlichen (populärer) Weise, Belehrung gibt und die Einstreuungen in das Publikum meisterhaft zurückweißt. Da diese Aufsätze eine größere Verbreitung als blos durch die Darmstädter Zeitung, deren Exemplare auf dem Lande meistens nicht aufbewahrt werden, verdienen, so beabsichtige ich diese in einer von mir auszuarbeitenden Schrift: „die Civilliste des Großherzoglichen Hessischen Regentenhauses" mitzutheilen, und dazu einen geschichtlichen Commentar zu geben. Vorläufig gebe ich sie hier ohne den Commentar, damit wenigstens derjenige Theil des Publikums, welcher die Biographie der Großherzogin Mathilde liest, hiervon Kenntniß nehme.

Darmstadt, 20. April.

Es wird dem Leser der landständischen Verhandlungen über die Civiliste und die Apanagen in Nummer 85 bis 87 der Darmstädter Zeitung von Interesse seyn, Aufschluß darüber zu erhalten, in wie weit diese Bezüge der fürstlichen Familie die **Reinerträge** aus den zwei Drittheilen der **Domainen** absorbiren, die nach Artikel 7 der Verfassungsurkunde vom 17. December 1820 ihr schuldenfreies, unveräußerliches Eigenthum sind.

Für Diejenigen, welchen die Verfassungsurkunde nicht zur Hand ist, bemerkt man, daß dieselbe bezüglich der Domänen wörtlich bestimmt:

Art. 6. „Ein Drittheil der sämmtlichen Domänen, nach dem Durchschnittsertrag der reinen Einkünfte berechnet, wird, nach der Auswahl des Großherzogs, an den Staat abgegeben, um, mittelst allmäligen Verkaufs, zur Schuldentilgung verwendet zu werden."

Art. 7. „Die übrigen zwei Drittheile bilden das schuldenfreie, unveräußerliche Familien = Eigenthum des Großherzoglichen Hauses."

„Die Einkünfte dieses Familien=Gutes, worüber eine besondere Berechnung geführt wird, sollen jedoch in dem Budget aufgeführt und zu den Staatsausgaben verwendet werden, die zu den Bedürfnissen des Großherzoglichen Hauses und Hofes erforderlichen Summen sind aber darauf vorzugsweise radicirt....."

Art. 9. „Das Veräußerungsverbot des Art. 7 bezieht sich nicht........ auf den Verkauf entbehrlicher Gebäude, der in anderen Staaten gelegenen Güter und Einkünfte, die Vergleiche zur Beendigung von Rechtsstreitigkeiten, die bloßen Austauschungen und die Ablösung des Lehns= und Erbleihverbands, der Grundzinsen und der Dienste."

Die Ausscheidung des zur Schuldentilgung bestimmten Ein = Drittheils fand auf dem Landtage von 1838/41 Statt.

Das Nähere hierüber enthält der §. 25 des Landtags-Abschieds vom 11. Januar 1841, Nr. 3 des Regierungsblattes.

Die eigentlichen Staatsschulden, welche nach dem Staatsschulden = Tilgungsgesetze vom 29. Juni 1821 damals etwas mehr als 13½ Millionen Gulden betrugen, waren nach Ablösung der dem Drittheile zugefallenen Zehnten, Renten und Gefälle im Jahr 1843 auf beinahe 3½ Millionen Gulden gesunken.

Nach der Abrechnung auf Pag. 296 ꝛc. des Regierungsblatts vom Jahr 1845 beliefen sich nämlich zu Ende des Jahres 1843 die eigentlichen Staatsschulden noch auf . . . . . . 12,988,577 fl.
und die durch Ablösungen ꝛc. entstandenen Activcapitalien einschließlich des Kassenvorraths auf . . . . 9,435,706 fl.

Stand der Staatsschulden . 3,552,871 fl.

Diese Activcapitalien werden durch die von den Rentepflichtigen nach den Gesetzen vom 27. Juni 1863 zu entrichtenden Tilgungsrenten nach und nach abgetragen und zur Tilgung der Staatsschulden verwendet.

Von den dermalen noch vorhandenen Domänen gehören verhältnißmäßig wenige, mit einem jährlichen Reinertrage von circa 6000 fl., dem Staate, worüber der vorerwähnte §. 25 des Landtagsabschieds vom Jahr 1841 nähere Auskunft gibt.

Die übrigen bilden das großherzogliche Familien-Eigenthum nach Maßgabe des Art. 7 der Verfassung.

Zu diesem Familien = Eigenthum gehört ferner noch der s. g. Acquisitionsfonds.

In ihn fließen die Kaufschillinge, Ablösungskapitalien und Allodificationsgelder u. s. w. für veräußerte den Zwei-Drittheilen des Großherzoglichen Hausvermögens angehörigen Domänen. — Art. 9 der Verfassung.

Er wird zur Vervollständigung dieser Zwei-Drittheile benutzt, sey es durch Ankauf von Grundbesitz oder durch Ablösung von Lasten, welche auf ihnen haften.

Die Zinsen, welche die Kapitalien dieses Fonds ertragen, werden in der Hauptstaatskasse, gleich den Reinerträgen aus den Domänen, vereinnahmt.

Die gesammten Domänen liefern nach dem von der Regierung den dermalen versammelten Landständen für die Finanzperiode 1863/65 vorgelegten Budjet jährlich:

1) an Brutto-Einnahme aus Kameral- und Forstdomänen und an reinen Ueberschüssen aus den Berg- und Salinenwerken . . . . . 2,143,971 fl.

2) an Zinsen des Acquisitionsfonds   76,500 fl.

zusammen 2,220,471 fl.

Für alle in den Rentamtsrechnungen zur Verausgabung kommenden Kosten der Kameral- und Forstdomänen-Verwaltung sind vorgesehen . . 991,979 fl.

diese abgezogen, so beträgt der in der Hauptstaatskasse-Rechnung zur Vereinnahmung kommende Ueberschuß . 1,228,492 fl.

Hierunter ist der Reinertrag der Landesdomänen enthalten mit . . 6000 fl.

Nach Abzug desselben ergibt sich für die zum Großherzoglichen Familieneigenthum gehörigen Domänen ein jährlicher Reinertrag von . . . 1,222,492 fl.

Dermalen betragen:
1) die Civilliste . . 631,000 fl.
2) die Apanage S. G. H.
des Prinzen Karl . 45,000 fl.
3) desgl. des Prinzen
Ludwig . . . 40,000 fl.
4) Apanagen JJ. GG. HH.
der Prinzen Friedrich,
Alexander und Heinrich
3mal 18,000 fl. 54,000 fl.
           770,000 fl.

Es bleiben somit, nach ihrer Bestreitung, an obigem Reinertrag übrig   452,492 fl.

Die Verwaltung der Domänen veranlaßt jedoch, außer den in den Domänenrechnungen erscheinenden Ausgaben, noch weitere Kosten, welche man hier, hoch berechnet, in Abzug bringt und zwar für:

Antheil an den Pensionen. — $1/3$ der dermaligen Pensionen des Departements des Ministeriums der Finanzen von 80,000 fl. . . .   26,700 fl.

2) Beitrag zu den Kosten des Finanz=Ministeriums, $1/5$ aus 26,952 fl.   5,400 fl.

3) $1/5$ der Kosten der oberen und der Localbaubehörden aus 64,800 fl.   13,000 fl.

4) $1/3$ dto. der Filialanwälte aus 10,210 fl. . . . . .   3,400 fl.

5) $1/5$ dto. der Hauptstaatskasse aus 19,175 fl. . . . .   3,800 fl.

6) $1/5$ dto. der Ober=Rechnungs=Kammer und $1/2$ der Justificatur I. Abth. aus 29,878 fl. . . . . .   8,500 fl.

des Theaterplatzes, welche für sich allein über die Hälfte des nach dem Budget geforderten Fonds in Anspruch nimmt, einen außerordentlichen, selten in ähnlicher Größe wiederkehrenden, Ausgabeposten bildet, so werden höchstens 1500—1800 fl. zuzusetzen seyn, was man zugibt.

Das genannte Blatt behauptet ferner:

6) es sey in unserer Berechnung der auf die Domänen fallende Antheil des Staatszuschusses zu der Civil- und Hofdiener-Wittwenkasse vergessen worden, welchen sie zu 10,000 fl. annimmt.

Auch diese Angabe ist irrig. Wir brachten unter Pos. 9 unserer Berechnung, als Beitrag der Civil- und Forstdiener-Wittwenkasse 18,000 fl. in Ansatz. Die letztere erhält einen Staatsbeitrag von 12,000 fl. (Pag. 35 des erwähnten Ausschußberichts, Beilage Nr. 139). Hiervon setzten wir dem für die Domänenverwaltung beschäftigten Forstpersonale ⅔ zur Last, wozu wir nach den Entwickelungen in Position 4 berechtigt waren, d. h. . . . . 8000 fl.
und fügten diesen für die einschlägigen
Civil- und Hofdiener genau den von
der „Hess. Landeszeitung" berechneten
Betrag hinzu mit . . . . . 10,000 fl.
gibt zusammen, wie vorher . . . 18,000 fl.

Bemerkt wird noch, daß der Name der ersteren Klasse nicht Civil- u n d Hofdiener-Wittwenkasse ist, weßhalb wir sie in unserer Berechnung auch nur als Civildiener-Wittwenkasse, dem Gesetze vom 22. Januar 1861 entsprechend, aufführten.

Das „Organ der Fortschrittspartei" rügt ferner:

nen und aller Sachkenntniß entbehrenden Ansichten über das Verhältniß der Civilliste und Apanagen zu dem Ertrage der ⅔ Domänen des Großh. Hausvermögens zu berichtigen, Ansichten, die sogar so weit gehen, daß man selbst Männer, welche besser unterrichtet seyn sollten, Zweifel darüber aussprechen hört, ob die Domänen überhaupt noch einen den Steuerpflichtigen zu gut kommenden Ueberschuß liefern.

D a r m st a d t , 30. Mai.

In Nr. 112 der Darmstädter Zeitung vom 23. v. Mt. brachten wir eine Berechnung des Reinertrags der ⅔ Domänen des Großherzoglichen Hausvermögens, in welcher wir nicht allein alle Localverwaltungskosten und die Bezüge der Civilliste und Apanagen an ihren Erträgen abgezogen haben, sondern auch wegen einer größeren Anzahl Behörden, welche bei ihrer Verwaltung mitwirken, wegen der Pensionen ꝛc., nach unserer gutachtlichen Anschauung, entsprechende Abzüge machten.

Hierbei fanden wir als d e r m a l i g e n , den Steuerpflichtigen jährlich zu gut kommenden Ueberschuß, die Summe von 310,000 fl.

Mit Berichtigung dieser Berechnung beschäftigt sich ein Artikel in Nr. 113 der „Hessischen Landeszeitung" vom 13. l. M., die Ueberschrift: „D o m ä n e n u n d C i v i l l i st e" führend, in welchem behauptet wird, daß die ⅔ Domänen seit dem Jahre 1821 bis jetzt, wenn man ein Jahr in das andere rechne, noch keinen Ueberschuß geliefert hätten.

Dieser Artikel nöthigt uns zu folgenden Bemerkungen: Er will

1) Die Kosten des Finanzministeriums den Domänen halb zur Last setzen, während wir nur 1/5 derselben in Ansatz brachten.

Hinsichtlich des Geschäftskreises dieser Behörde verweisen wir auf den Abschnitt III der Verordnung vom 28. Mai 1821. Man wird dort finden, daß sich ihre Functionen über die oberste Verwaltung der Domänen, die Leitung der gesammten Finanzverwaltung, das ganze directe und indirecte Steuerwesen, die Regalien, die Münze, die Staatsschulden, das gesammte Staatskassen- und Staatsrechnungswesen, die Aufstellung des Staatsbudgets und die Sorge für dessen Befolgung den auf öffentliche Kosten betriebenen Straßen-, Wasser- und Brückenbau, wozu nunmehr noch die Staatseisenbahnen kommen, die Anstellung ꝛc. der Finanzbeamten, die Verhandlungen mit den Landständen über Gegenstände des Finanzdepartements, die hiermit zusammenhängende Vorbereitung der einschlägigen Gesetzgebung ꝛc. erstrecken. Bezüglich des einen Artikels: „Indirectes Steuerwesen" erinnern wir daran, daß hierzu, außer einigen unbedeutenderen Gegenständen, die Tranksteuer und Zapfgebühr, die Rheinschifffahrtsoctroi, die Chaussee- und Brückengelder, der Stempel, die Einregistrirungsgebühren in Rheinhessen, die Zollgefälle und die Salzregie gehören.

Diese Betrachtungen befestigen bei uns die Ansicht, daß die Angaben der „Hessischen Landes-Zeitung", die oberste Verwaltung der Domänen, das Domanialrechnungswesen und die Anstellung ꝛc. der Domanialbeamten nähmen die halbe Dienstthätigkeit des Finanzministeriums in Anspruch, auf einer irrigen Anschauung beruht.

Ferner wird behauptet:

2) es sey von uns nur ⅕ des Betrags der Pensionen im Finanzfache in Ansatz gebracht worden.

Auch diese Angabe ist irrig. Wir belasteten die Domäne mit einem v o l l e n ⅓ der Voranschlagssumme von 80,000 fl., nämlich mit 26,700 fl. Die Hessische Landes-Zeitung hält die Hälfte der Pensionen im Finanz-Departement, nämlich 40,000 fl., für die richtige, in die Berechnung aufzunehmende Summe.

Man vergegenwärtige sich die Zahl der Beamten aller in Pos. 1 aufgeführten Verwaltungszweige, berücksichtige noch das unten in Pos. 4 Bemerkte und wird finden, daß die von uns für die Domänen angenommene Quarte eher zu hoch, als zu gering gegriffen ist.

3) Für die Fiscalanwälte setzt die „Hessische Landes-Zeitung" ⅘ ihrer Gesammtkosten den Domänen zur Last, während wir nur ⅓ in Ansatz brachten.

Früher mag das Verhältniß dem jetzigen nicht ganz gleich gewesen seyn. Dermalen figurirt im Gesammtarbeitsconto der drei Fiscalanwälte die Domänenverwaltung sicherlich kaum mit ⅓. Derjenige zu Mainz ist für sie sehr wenig beschäftigt, was mit dem geringen Belang der Domänen in der Provinz Rheinhessen zusammenhängt. Den in der Hauptstaatskasse vereinnahmten Deservitenrückersatz haben wir gar nicht in Rechnung gebracht, obgleich der auf die Domänen fallende Antheil denselben zu gut kommen müßte.

4) Von den Kosten der Ober-Forst- und Domänen-Direction setzt die „Hessische Landes-Zeitung" 9/10 den Domänen zur Last, während wir nur ¾ angenommen hatten.

Wir machen darauf aufmerksam, daß die Domanial-
walbungen im Großherzogthum . 336,000 Morgen
die Gemeinde- u. Stiftungswaldungen 410,000 "
die Pfarr- und Kirchenwaldungen . 3,000 "
die Privatwaldungen . . . 355,000 "

zusammen 1,104,000 Morgen
betragen, daß weitere 15,000 Morgen, meistentheils
hessischen Gemeinden gehörig, im Auslande liegen, verweisen auf die organische Forstordnung vom 16. Januar
1811 und insbesondere auf die Functionen des genannten
Collegs hinsichtlich der sich über das ganze Land er-
streckenden Forst-, Jagd- und Fischereipolizei, z. B. Ueber-
wachung der Forstämter in ihrer Eigenschaft als Staats-
anwaltschaften bei den Forstgerichten, Prüfung und
Beschlußfassung bezüglich der gegen forstgerichtliche Er-
kenntnisse zu ergreifenden Recurse, obere Beaufsichtigung
der Forstämter, der Oberförstereien und des gesammten
Schutzpersonals in Bezug auf ihre forstpolizeilichen
Functionen, obere Leitung des Abverdienstes der unbei-
bringlichen Forststrafen und Revision nebst Abschließen
der hierüber von den Oberförstereien und Forstämtern
aufzustellenden Abrechnungen ꝛc.

Die Oberforst- und Domänen-Direction überwacht
ferner die Erhebung, Beitreibung und Verrechnung aller
zur Erhebung kommenden Forst-, Jagd- und Fischereistrafen, prüft und controlirt die zur Erhebung ꝛc. ge-
langenden Beträge nach den ihr vorzulegenden Forst-
gerichtsprotocollen, prüft und schließt die Quartalabrech-
nungen über die erhobenen und die zur Verbüßung
überwiesenen Beträge ab, ertheilt die nöthigen Decreturen,
steht wegen der Prüfung und Anweisung aller durch die

gefängliche Verbüßung der Forst-, Jagd- und Fischereistrafen in etwa 50 Gefängnissen entstehenden Kosten mit den Gerichten im schriftlichen Verkehr, stellt die Wirthschaftsrechnungen und Voranschläge über die Forststrafen auf ꝛc. Alle diese Arbeiten sind der Domänenverwaltung als solcher fremd.

Ganz ähnliche Functionen liegen ihr bezüglich der Erhebung, Beitreibung und Verrechnung aller im Großherzogthum erfallenden Feldstrafen ob.

Die Oberförstereien besorgen unter Controle der Forstämter und unter der **oberen Leitung der Oberforst- und Domänendirection** den technischen Betrieb und die Naturalcontrole in allen Gemeinde-, Stiftungs-, Pfarr- und Kirchenwaldungen. Sämmtliche Waldungen des Großherzogthums sind 95 Oberförstereien zugetheilt. In vier derselben kommen nur einige tausend Morgen Communalwaldungen vor. Mit Administration derselben sind standesherrliche Forstdiener beauftragt. Diese bringen wir bei der nachstehenden Berechnung nicht in Ansatz.

Unter den übrigen 91 Oberförstereien sind 14 enthalten, zu welchen gar keine Domanialwaldungen gehören, in 4 liegen nur 2 bis 30 Morgen, in 17 von 30 bis zu 2000 Morgen, 55 Oberförstereien sind größere Flächen Domanialwaldungen zugetheilt und nur **eine** besteht lediglich aus solchen. Ohne Rücksichtsnahme auf die Privatwaldungen hat man die Größe einer Oberförsterei, welche nur Domanialwald administrirt, auf circa 7000 Morgen und diejenige eines nur Communalwald bewirthschaftenden auf circa 10,000 Morgen anzunehmen, so daß auf die Domanialwaldungen 49 und auf die Communalwaldungen 42 Oberförstereien fallen.

Aehnlich verhält es sich mit den Forstämtern. Die Domanialwaldungen im Forste Gießen betragen z. B. nur $1/12$ der ihm zugetheilten ganzen Waldfläche, diejenigen im Forste Friedberg und Wald-Michelbach $1/11$, diejenigen in den Forsten Seligenstadt, Groß-Umstadt und Jugenheim $1/8$, diejenigen im Forste Biedenkopf $1/6$ u. s. w. Welche Arbeitslast die Bewirthschaftung der Communalwaldungen der genannten Centralbehörde veranlaßt, läßt sich hiernach unschwer bemessen.

Wir erinnern uns an die Betriebsregulirungen, die Wirthschaftspläne u. s. w.

Ferner hat die Oberforst- und Domänen-Direction unter oberster Leitung des Ministeriums des Innern die widerrufliche Anstellung aller Communalforstwarte, deren Zahl über 400 beträgt, auf Vorschlag der Communal-Vorstände und mit Zustimmung der Kreisämter zu bestätigen, ihre Gehalte festzusetzen, sie zu entlassen. Ihr steht die Disciplinargewalt über dieselben zu u. s. w.

Wir wollen schließen, indem wir fürchten, den Leser zu sehr zu ermüden, glauben aber durch Vorstehendes den Nachweis geliefert zu haben, daß von dem umfassenden Geschäftskreise der Oberforst- und Domänen-Direction vielmehr, als das von der „Hessischen Landes-Zeitung" behauptete $1/10$, auf Functionen dieser Centralbehörde fällt, welche der Domänenverwaltung fremd sind, daß selbst das von uns berechnete $1/4$ zu gering gegriffen ist, ja daß in Uebereinstimmung mit mehrfachen, in den älteren landständischen Verhandlungen enthaltenen, Ansätzen, füglich $1/3$ angenommen werden kann. Um ganz sicher zu seyn, daß der Ertrag der Domänen nicht zu wenig belastet werde, nahmen wir nur ¹/₄ an.

Wer sich näher unterrichten will, den verweisen wir auf von Stockhausen's Beiträge zur Forst= 2c. Statistik des Großherzogthums. Darmstadt 1859.

Ferner führt das „Organ der Fortschrittspartei" an:
5) Die in den Rentamtsrechnungen zur Verausgabung kommenden Beträge seyen um 3000 bis 4000 fl. zu gering angegeben.

Hierunter werden wohl die auf Pag. 6 der Beilage, Nr. 9 zum 5. Protokolle der 2. Ständekammer unter Pos. 5 aufgeführten besonderen Beiträge zu den öffentlichen Anstalten in Darmstadt zu verstehen seyn. Sie werden von der Hauptstaatskasse verrechnet und bestehen nach dem Bericht des Finanzausschusses, Beilage Nr. 139, aus 800 fl. für Unterhaltung und Beaufsichtigung von Wasserleitungen, darunter 500 fl. Aversionalbeitrag an die Stadtkasse, für den vom Woog an die Infanteriekaserne geführten Kanal 60 fl. u. s. w.; aus 2857 fl. für Unterhaltung öffentlicher Plätze, Pflaster 2c. vor herrschaftlichen Civilgebäuden und aus 534 fl. für Reinhaltung dieser Plätze und Straßen. Unter den 2857 fl. sind allein für Herstellung des Pflasters vor dem Theater 2576 fl. enthalten, zu deren Genehmigung durch die Stände nach dem erwähnten Ausschußbericht wenig Aussicht vorhanden zu seyn scheint.

Berücksichtigt man, daß unter den herrschaftlichen Gebäuden auch solche enthalten sind, welche die Domänen-Verwaltung nicht berühren, z. B. das Ständehaus, daß die Kanzleien nur zum geringsten Theile den Zwecken der Domänenverwaltung dienen und daß die Pflasterung des Theaterplatzes, welche für sich allein über die Hälfte des nach dem Budget geforderten Fonds in Anspruch nimmt, einen außerordentlichen, selten in ähnlicher Größe wiederkehrenden, Ausgabeposten bildet, so werden höchstens 1500—1800 fl. zuzusetzen seyn, was man zugibt.

Das genannte Blatt behauptet ferner:

6) es sey in unserer Berechnung der auf die Domänen fallende Antheil des Staatszuschusses zu der Civil= und Hofdiener=Wittwenkasse vergessen worden, welchen sie zu 10,000 fl. annimmt.

Auch diese Angabe ist irrig. Wir brachten unter Pos. 9 unserer Berechnung, als Beitrag der Civil= und Forstdiener=Wittwenkasse 18,000 fl. in Ansatz. Die letztere erhält einen Staatsbeitrag von 12,000 fl. (Pag. 35 des erwähnten Ausschußberichts, Beilage Nr. 139). Hiervon setzten wir dem für die Domänenverwaltung beschäftigten Forstpersonale ⅔ zur Last, wozu wir nach den Entwickelungen in Position 4 berechtigt waren, d. h. . . . . 8000 fl.
und fügten diesen für die einschlägigen
Civil= und Hofdiener genau den von
der „Hess. Landeszeitung" berechneten
Betrag hinzu mit . . . . . 10,000 fl.
gibt zusammen, wie vorher . . . 18,000 fl.

Bemerkt wird noch, daß der Name der ersteren Klasse nicht Civil= und Hofdiener=Wittwenkasse ist, weßhalb wir sie in unserer Berechnung auch nur als Civildiener= Wittwenkasse, dem Gesetze vom 22. Januar 1861 entsprechend, aufführten.

Das „Organ der Fortschrittspartei" rügt ferner:

7) daß das an Seine Durchlaucht den Landgrafen von Hessen-Homburg zu bezahlende Deputat von jährlich 25,000 fl. von uns nicht berücksichtigt worden sey.

Dasselbe wird weder unter den auf Domänen ruhenden Grundlasten, noch unter Civilliste und Apanagen, sondern unter der Rubrik „Andere Renten" verrechnet. Schon in Beilage Nr. XXX. zu den Verhandlungen der 2. Kammer der Stände von den Jahren 1821/22 ist bezüglich derselben nur bemerkt, daß sie auf einem Staatsvertrage vom 7. Juli 1816 beruhe. Der Finanzausschuß der 2. Kammer für die Periode 1851/53 sagt in seinem Bericht, Beilage Nr. 604, er habe über diesen Vertrag nichts Näheres erfahren können. Auch der Finanzausschuß der dermalen tagenden 2. Kammer der Stände spricht sich in seinem Bericht, Beilage Nr. 139, nicht näher hierüber aus.

Uns ist die Entstehung dieser Rente unbekannt, weßhalb wir sie, insbesondere mit Rücksicht auf die Rubrik ihrer Verrechnung, in unsere Zusammenstellung nicht aufnehmen konnten.

Sie soll übrigens, wenigstens theilweise, mit der Abtretung von Hoheitsrechten von Hessen-Homburg an Hessen Darmstadt zusammenhängen, und berührt die Domänen in so weit auf keinen Fall.

Unser Gegner bemerkt ferner:

8) daß noch etwa $1/5$ der Civilgnadenpensionen und alle Hofgnadenpensionen in Ansatz zu bringen seyen.

Sie würden zusammen 11,380 fl. betragen. Wir nahmen dieselben in unsere Berechnung nicht auf, weil sie nicht auf Rechtsgründen beruhen, welche die Domänen berühren, sondern aus reiner Gnade verliehen werden, zu welchem Behufe die Landstände schon von 1821 an die nöthigen Fonds bewilligen.

Ferner wird behauptet, es müsse

9) noch etwa ⅓ aller Kosten des Ministeriums überhaupt, des Staatsraths, Cabinets, Archivs und des Ministeriums des Hauses und Auswärtigen den Domänen zur Last gesetzt werden.

Dieses ⅓ beträgt 10,771 fl.

Daß noch ein aliquoter Theil des Gehalts des Finanzministers, welcher im Ganzen nur 5425 fl. beträgt, den Domänen zur Last zu setzen sey, geben wir zu.

Was andere in unsere Berechnung nicht aufgenommene Behörden betrifft, welche bisweilen Geschäfte zu verrichten haben, die sich auf die Domänen beziehen, so bemerken wir, daß die Domänenverwaltung durch Bezahlung von 1/30 aller directen Steuern ihren Beitrag zu den Kosten derselben leistet.

Bei unserer Berechnung haben wir 94,700 fl. Steuern in Ansatz gebracht.

Ein Ministerium des Hauses und des Aeußeren, ein Staatsrath, ein geheimes Cabinet und ein Archiv würden in der dermaligen Ausdehnung bestehen müssen, selbst wenn gar keine Domänen vorhanden wären. Wegen ihrer können wir dieselben nicht besonders belasten.

Sodann behauptet das „Organ der Fortschrittspartei":

10) den Domänen müsse ein Theil der Kosten der Staatsschulden-Tilgungskasse, der Ober-Steuer-Direction, sowie der Ober- und Steuer-Einnehmer zur Last gesetzt werden, insoweit diese Kosten durch fiskalische Grund- und Tilgungsrenten, deren Verunterpfändung, Erhebung, Verrechnung u. s. w. veranlaßt werden.

Diese ganze Forderung beruht auf einem Irrthum von Seiten der Hessischen Landeszeitung. Wir bemerken bezüglich derselben:

a. den **Rentenberechtigten** fallen Kosten der Verunterpfändung nicht zur Last. Wo sie der Staat nicht auf die herrschaftliche Kasse übernimmt, haben sie die **Pflichtigen** zu tragen.

b. Die Erhebung und Verrechnung der im Ganzen noch sehr unbedeutenden Grundrenten des Großherzoglichen Hausvermögens besorgen die Rentämter, welche wir mit ihrem ganzen Etat den Domänen zur Last gesetzt haben, obgleich sie auch Geschäfte besorgen müssen, welche dieselben nicht berühren.

c. Wegen der Kosten der Erhebung und Verrechnung der Tilgungsrenten haben die ehemaligen **Berechtigten** gleichfalls Nichts zu entrichten.

Die **Pflichtigen** müssen nach Art. 16 des Ablösungsgesetzes vom 27. Juni 1836, außer den Tilgungsrenten, noch 3 pCt., resp. 3½ pCt. derselben bezahlen, woraus diese Kosten bestritten werden.

Es ist hiernach den Domänen wegen der Rentenablösung durchaus Nichts zur Last zu setzen, wohl aber müßte man ihnen wegen besonderer, lediglich auf sie Bezug habenden gesetzlichen Bestimmungen, welche den Rentenpflichtigen Vortheile, dem Hausvermögen aber bedeutende Nachtheile, verursachen, noch einen entsprechenden Betrag zu Gut schreiben. Es ist dieses übrigens von uns nicht geschehen, so wie denn unsere Berechnung überhaupt gewiß nicht den Stempel an sich trägt, als seyen wir bemüht gewesen, den Ueberschuß in die Höhe zu schrauben.

Wir haben die Art. 2 und 5 des Ablösungsgesetzes vom 27. Juni 1836 im Auge.

Nach dem letzteren Artikel erhält das Hausvermögen die Ablösungskapitalien nicht alsbald bei der Ablösung von der Großherzoglichen Staats-Schulden-Tilgungskasse, sondern nur nach und nach, in steigenden Raten, wie sie bei ihr eingehen, z. B. bei einer Zins- und Tilgungsrente von 4 pCt. erst in 47 Jahren und zwar in den ersten 19 Jahren beiläufig ¼ des Kapitals, in den folgenden 12 Jahren das zweite ¼, in den nächsten 9 Jahren das dritte ¼ und in den letzten 7 Jahren den Rest desselben, während die übrigen Berechtigten ihre Kapitalien sogleich ganz beziehen und hierdurch ein für allemal abgefunden werden.

In den Jahren 1841 bis 1847 ist die überwiegende Mehrzahl der Renten des Großherzogl. Hausvermögens zur Ablösung gekommen, nämlich beinahe 3 Million Gulden.

Für welche Preise dasselbe damals hätte Güter acquiriren können und welche es nunmehr und späterhin bis in die 1890r Jahre zu bezahlen hat, resp. zu bezahlen haben wird, kann sich derjenige, welcher den Güterpreisen überhaupt Aufmerksamkeit schenkt, selbst sagen.

Der Art. 2 des Ablösungsgesetzes bestimmt, daß Grundlasten, welche auf fiscalischen Renten ruhen, nicht gleichzeitig bei der Ablösung beseitigt werden müssen, sondern auf Verlangen der Lastenberechtigten, auf den gesammten Domänen haften bleiben sollen, während die Lasten auf Privatrenten gleichzeitig mit der Ablösung abgekauft, oder, mit Zustimmung **beider** Theile, auf andere Objecte radicirt werden **müssen**.

Ein großer Theil der zur Zeit auf den Großherzoglichen Hausdomänen ruhenden Grundlasten rührt von Zehntberechtigungen her. Diese Lasten blieben bei den Zehntablösungen auf dem Gesammt-Complex der Domänen haften und bestehen dermalen aus

a. der Verpflichtung zum Erbauen und Unterhalten (in einzelnen Fällen nur Eins von Beiden) von 51 Kirchen, oder Theilen derselben, von 49 Pfarrhofraithen und einigen Schulen;

b. aus Besoldungen an circa 170 Pfarreien, Schulen und Kirchendiener, nebst Renten an wenige andere Fonds, und zwar zusammen 10,000 fl. Geld und 3700 Malter Früchte und endlich

c. aus einigen Lasten von geringerem Belange.

Hierunter mögen einige wenige enthalten seyn, die nicht mit den Zehnten zusammenhingen, wie hinsichtlich der sonstigen bedeutenden Lasten, die wir hier nicht aufführten, der Fall ist.

Die beiden erwähnten Gesetzesartikel benachtheiligen das Großherzogl. Hausvermögen, im Vergleiche zu allen übrigen Rentenberechtigten, gar sehr, indem der eine dasselbe zwingt, die Ablösungskapitalien weniger rentabel anlegen zu müssen und der andere verschuldet, daß der Werth der Baulasten, wegen der zunehmenden Bedürfnisse, sowie der steigenden Lohn- und Materialpreise, von Jahr zu Jahr wächst und daß bezüglich der Besoldungslasten, wegen der steigenden Fruchtpreise, Gleiches Statt findet.

Sie machten den rascheren Betrieb der Ablösungen zum Vortheile der Rentenpflichtigen, möglich, benachtheiligen aber das Hausvermögen, in der angegebenen Weise, bedeutend.

Die Richtigkeit unserer Behauptung wird deßhalb Jedem einleuchten, da die Billigkeit doch eigentlich fordert, daß das Hausvermögen nicht härter gehalten wird, als alle übrigen Berechtigten.

Der höchstselige Großherzog Ludwig II. hat dieses, mit Rücksicht auf das Wohl der Rentepflichtigen, seiner Zeit nicht verlangt.

Weiter wird von dem „Organ der Fortschrittspartei" behauptet:

11) Die Kosten für Unterhaltung der Pflanzungen an den Flüssen seyen in unserer Berechnung nicht enthalten.

Auch diese Angabe ist irrig.

Dieselben gehören zu den von uns ganz in Ansatz gebrachten 45,243 fl. Elementarverwaltungskosten von Kameraldomänen und sind unter den 991,979 fl. Kosten und Lasten der Domänenverwaltung enthalten, welche wir summarisch in der Berechnung aufführten.

Ferner rügt unser Gegner, daß wir

12) Die Kosten für Aufsuchung von Fossilien nicht in unsere Berechnung aufnahmen.

Dieselben sind nur mit 1000 fl. vorgesehen.

Der Landtagsabschied über die Ausscheidung der Domänen enthält Nichts davon, daß die mittelst dieses Fonds aufgesuchten neuen Bergwerke 2c. dem Großherzoglichen Hausvermögen zufallen.

Ist dieses der Fall, was wir nicht wissen und welche Frage bisher wohl noch nicht practisch war, so sind sie zuzusetzen, im entgegengesetzten Falle gehören sie nicht hierher.

Die „Hess. Landeszeitung" vindicirt diese neuen Werke dem Hausvermögen.

Die Kosten für die diesem Vermögen gehörigen Werke werden in den einschlägigen Localamtsrechnungen verrechnet und sind in unserer Zusammenstellung berücksichtigt worden.

Ferner wird behauptet:

13) in unserer Berechnung sey nicht beachtet worden, daß die Hofbauten in manchen Jahren, bei größeren Herstellungen, weit mehr kosteten, als die jetzt dafür vorgesehenen, von uns in Ansatz gebrachten 35,700 fl.

Das Erstere ist irrig, das Letztere bestreiten wir nicht. Die Hofbaukosten betrugen z. B., was die letztere Behauptung anbelangt, in der Finanzperiode 1845/47 allerdings zusammen 124,000 fl., ferner in dem einen Jahre 1858 sogar 61,700 fl., dagegen aber auch in manchen Jahren viel weniger, z. B. in 1854 nur 20,600 fl., in 1856 nur 21,500 fl. u. s. w.

In den 18 Jahren 1845 bis 1862 berechnen sich diese Kosten, einschließlich der größeren Herstellungen, durchschnittlich auf 31,785 fl. per Jahr, somit um 3915 fl. niedriger, als wir in Rechnung brachten, wodurch die Behauptung der „Hessischen Landeszeitung" widerlegt seyn dürfte.

Dieselbe führt ferner, unter Hinweisung auf den Kraft'schen Bericht von 1851/53 an, daß,

14) wegen der nach §. 26 des Landtagsabschieds von 1838/41 der Cabinetskasse aus dem Fonds zur Ergänzung des Großherzoglichen Familieneigenthums überwiesenen

800,000 fl. die 4procentigen Zinsen mit 32,000 fl. zuzusetzen seyen.

Die Summe wurde zur Zeit der Verheirathung Ihrer Majestät, der jetzigen Kaiserin von Rußland, als außerordentlicher Zusatz zu der Civilliste, nach Beschluß der Ständekammern, definitiv verausgabt. Sie ist bei einer Berechnung des Betrags der Ausgaben für die Civilliste während der Regierungszeit des höchstseligen Großherzogs Ludwig II. mit ihrem v o l l e n Betrage in Ansatz zu bringen, wie auch in Pos. 17 unten von uns geschah, nicht aber können, bis in ewige Zeiten, Zinsen hiervon berechnet werden.

Das Verlangen des „Fortschrittsorgans" ist deßhalb unbegründet.

Was ferner

15) das 1855r Darlehn von 1,100,000 fl. anbelangt, welches das genannte Blatt erwähnt,

so verweisen wir auf den jüngst von dem Finanz-Ausschuß-Referent Wernher über die Resultate der Verwaltung der Staatsschulden in 1857/59 erstatteten ausführlichen Bericht, Beilage Nr. 146, nach welchem die 3 procentige Verzinsung und Tilgung von 100,000 fl., nach den Beschlüssen der Ständekammern aus den Revenuen der Civilliste erfolgt und die Verzinsung und Tilgung der 1 Million mittelst einer jährlichen Zahlung von 40,000 fl. aus der Civilliste, nach einem besonderen, von den Landständen bedungenen, Tilgungsplan Statt findet.

Die „Hess. Landeszeitung" will, wegen dieses Darlehens, unserer Berechnung noch einen besonderen, von ihr nicht näher angegebenen, Zusatz machen, was aber nicht gerechtfertigt erscheint.

Ferner will das „Organ der Fortschrittspartei"

16) die von der Hofhaltung zu beziehende Rück=Vergütung für Trankfteuer und Zollgefälle am Ertrage der Domänen in Abzug bringen und gibt ihren jetzigen Betrag zu 25,000 fl. an.

Die Bedürfnisse des Großherzoglichen Hauses sind nach §. 23 der Zollordnung vom 9. März 1838, resp. §. 120 der früheren Zollordnung vom 23. Juni 1828, zollfrei, deßgleichen sind die Einlagen von Wein 2c. für dieselben nach Art. 10 des Trankfteuergesetzes vom 15. Juni 1827 befreit von der Trankfteuer.

Hierfür gemachte Vorlagen sind der Hofhaltung zurück= zuvergüten. Der beabsichtigte Abzug ist hiernach gänzlich ungerechtfertigt.

Weiter bemerkt das „Organ der Fortschrittspartei":

17) Es ist bei jener Berechnung ferner außer Beachtung gelassen der Minderertrag der Domänen in früheren Jahren und die Zuschüsse, welche damals aus der Staats=kasse auf Kosten der Steuerpflichtigen zur Deckung der Civilliste und Apanagen geleistet wurden. Diese Zuschüsse sind in einem gründlichen, durch Abgeordneten Kraft von Gießen erstatteten Bericht des Finanzausschusses 2. Kammer von 1851/53, Beilage 703, Seite 17 bis 20, berechnet für 1821/23 auf 341,201 fl., für 1830/32 auf 195,242 fl. jährlich, während ebendaselbst erst für 1851/53 ein Ueber=schuß zu Gunsten des Landes von ungefähr 125,000 fl. angenommen wird.

Aber selbst diese Berechnung führt die auf den Domänen haftenden Ausgaben nur unvollständig auf; sie berechnet die Kosten vieler Behörden und Anstalten in allzugeringen Antheilen, während sie andere hierher gehörige Posten gar nicht in Ansatz bringt. Zu letzteren gehören z. B. die Nachlässe oder Rückvergütungen für Tranksteuer und Zollgefälle an die Hofhaltung, die jährlichen 25,000 fl., Deputat an Hessen=Homburg, eine Dotation an Prinz Emil von Hessen von jährlich 12,000 fl. *), Antheil am damaligen Zuschuß zur Civil= und Hofdienerwittwenkasse und andern. In der Kraft'schen Berechnung für 1851/53 sind überdies weder außergewöhnliche Hofbauten, noch Zinsen aus den (oben erwähnten) 800,000 fl. in Anschlag gebracht. Berechnet man dies Alles zusammen, so wird auch der für 1851/53 berechnete reine Ueberschuß des Domänenertrags verschwinden und eher ein Mangel sich herausstellen. Es wird sich ferner ergeben, daß in den 30 Jahren von 1821 bis 1850 die Domänen, nach Deckung aller Verwaltungs= und sonst daraus zu bestreitender Kosten, erheblich weniger ertragen, als der Großherzog und dessen Familie aus der Staatskasse bezogen haben. Hat nun in neuerer Zeit das Verhältniß sich günstiger gestaltet und liefern die Domänen jetzt einen mäßigen Ueberschuß zur Staatskasse, so kann doch hieraus noch lange keine Freigebigkeit von Seiten des regierenden Hauses gegen das Land gefolgert werden.

Vielmehr müssen solche Ueberschüsse noch viele Jahre fortdauern, um nur einigermaßen die Zuschüsse wieder

---

*) Diese Dotation wurde bekanntlich wegen der Verdienste Sr. Großherzoglichen Hoheit um das Land bewilligt und waren deßhalb auch vom Lande zu tragen.

zu erſetzen, welche früher aus den Steuern zur Zahlung der Civilliſte und der Apanagen geleiſtet worden ſind.

Unſere in Nr. 112 der Darmſtädter Zeitung enthaltene Berechnung bezieht ſich nur auf das **dermalige** Verhältniß des Reinertrags der ²/₃ Domänen zu der Civilliſte ꝛc., weßhalb wir derſelben nur die Budgetſätze von 1863/65 zu Grunde legen konnten.

Die „Heſſ. Landeszeitung" geht aber nunmehr bis auf das Jahr 1821 zurück und zieht aus ihren Zahlenangaben Folgerungen, die uns veranlaſſen, auch hierauf Einiges zu bemerken, obgleich ſie dem Zwecke, welche unſere Berechnung hatte, fremd ſind.

Das genannte Blatt bezieht ſich hierbei auf den ſehr fleißig ausgearbeiteten Kraft'ſchen Ausſchußbericht, bringt aber nicht in Rechnung, daß dieſem nicht die wirklichen Ergebniſſe der Verwaltung in den 30 Jahren 1821/50, ſondern nur die Voranſchlagsſummen von 1821/23, von 1830/32 und, von 1851 ab, diejenigen von 1851/53, zu Grunde liegen.

Aus dem Voranſchlage von 1821/23 läßt ſich nicht auf das Ergebniß der 9 Jahre 1821/29, noch viel weniger aus demjenigen von 1830/32, auf die Ergebniſſe der 21 Jahre 1830/50 ſchließen.

Die Rentämter und die Salinen- und Bergkaſſen lieferten dann auch in der That in den 3 Finanzperioden 1821/29 an Ueberſchüſſen mehr ab, als nach dem 1821/23 Voranſchluge zu erwarten waren = 1,036,000 fl. und in den 7 Perioden 1830/50, einſchließlich der Zinſen des Acquiſitionsfonds, ſogar 6,647,000 fl. mehr als auf Grund des 1830/32r Voranſchlags erwartet werden konnten, was die Rechnung der „Heſſiſchen Landeszeitung" **gewaltig** abändert, wie wohl Jedem einleuchten wird.

Die letzten 4 Finanzperioden 1851/62 behandeln wir besonders.

Wenn die große Unsicherheit in den früheren Voranschlägen auffällt, den erinnern wir an die ehemaligen bedeutenden Zehnten und Fruchtgefälle, deren Erträge von den sehr schwankenden Fruchtpreisen abhingen. Im Jahr 1835, kurz vor dem Erscheinen des Grundrentenablösungsgesetzes betrug z. B. die jährliche Einnahme der Rentämter an Früchten = 110,000 Malter und außerdem wurden noch 100,000 fl. an Zehnten erlöst.

Wenn man wegen der noch nicht ausgeschiedenen Domänen in den 9 Jahren $18^{18}/_{29}$, unter der Regierung des höchstseligen Großherzogs Ludewig I., an dem Reinertrage derselben $1/_3$ abzieht und hierbei auf die damals bereits verkauften wenigen Domänen nach Maßgabe des Ausschußberichts der damaligen 2. Kammer der Stände, Beilage Nr. 146, gebührend Rücksicht nimmt, so deckt der Reinertrag der $2/_3$ Domänen in diesen 9 Jahren die auf ihnen ruhenden Lasten allerdings nicht, allein dieses verschulden hauptsächlich die äußerst geringen Fruchtpreise in den 1820r Jahren und die damals an 8 Prinzen des Hauses zu bezahlenden, theilweise noch mit der Hanau-Lichtenberg'schen Erbschaft zusammenhängenden Apanagen. Der Mangel ist aber bei weitem nicht so bedeutend, als ihn die Hessische Landeszeitung angibt.

Welcher Hesse wird deßhalb mit den Manen dieses hochherzigen edelen Fürsten Abrechnung halten wollen?

Die 7 Finanzperioden $18^{30}/_{50}$ ergeben dagegen einen sehr erklecklichen Ueberschuß. Bei Berechnung des Reinertrags der $2/_3$ Domänen hat man darauf Rücksicht zu nehmen, daß von dem für das Land zu veräußernden

$1/3$ in 1830 noch nicht viel verkauft worden war, daß seine Veräußerung hauptsächlich in 1837 anhub und in 1841 endigte.

Auch müssen bei Berechnung der Lasten die in Pos. 14 vorher erwähnten 800,000 fl. hier mit ihrem ganzen Betrage in Anrechnung kommen.

Dieser Periode gehören die in 1853 vereinnahmten älteren Zinsen des Acquisitionsfonds an.

Endlich ergeben die vier letzten Finanzperioden $18^{51}/_{62}$ einen reinen Ueberschuß von 3,110,000, und zwar in den im Vergleiche zu früheren und den zwei späteren Perioden einen sehr geringen Ertrag liefernden zwei Perioden $18^{51}/_{56}$ je 182,000 fl. per Jahr und in den zwei Perioden $18^{57}/_{62}$ je 336,000 fl. jährlich. Wir brachten bei der Berechnung, außer den in unserer Zusammenstellung vom 20. v. M. aufgeführten Posten, auch das Deputat Sr. Durchlaucht des Herrn Landgrafen von Hessen-Homburg, die ganzen Hofgnadenpensionen, die entsprechenden Quoten von den Civilgnadenpensionen, die Kosten des Ministeriums, die Beiträge zu den Anlagen in der Residenz Darmstadt, die Antheile an den Reise- und Forstvisitationskosten der Oberforst- und Domänen-Direction, die für Schürf- und Bohrversuche bezahlten Beträge und die vorerwähnten älteren Zinsen des Acquisitionsfonds in Abzug, obgleich wir hiermit nicht zugeben wollen, daß es wegen aller dieser Posten gerechtfertigt erscheint.

Für das Jahr 1862, welches noch nicht abgeschlossen ist, nehmen wir die jedenfalls in der Einnahme überschritten werdenden Voranschlagssummen an.

Hieraus ergibt sich, daß der in unserer mehrerwähnten Berechnung angegebene jährliche Ueberschuß von 310,000 fl. g a n z g e w i ß n i c h t z u h o ch angegeben ist.

Dieser Berechnung lag nur der Voranschlag von 18^{63}/$_{65}$ zu Grund, an dessen Ausgaben noch Ersparnisse Statt finden und dessen Einnahmen den veranschlagten Betrag übersteigen werden, wie die bisherige Erfahrung genügend belehrt.

Wegen des geringen Ertrags in den 6 Jahren 18^{51}/$_{56}$ bemerken wir noch, daß er hauptsächlich den ersten drei Jahren derselben zur Last fällt und vorzugsweise auf den Nachwirkungen der beiden bewegten Jahre 1848 und 1849 beruhen mag. Die von den Localkassen abgelieferten Reinerträge aus den ^{2}/$_3$ Domänen nebst den Zinsen des Acquisitionsfonds, welche von 1834 an stets über 1 Million Gulden, in den meisten Jahren über 1,100,000 fl. und in 1837 sogar 1,341,000 fl. betragen hatten, waren in 1848 auf 831,000 fl. und in 1849 auf 745,000 fl. gefallen. Erst in 1854 erreichten sie wieder eine Million und betrugen von 1856 an stets über 1,200,000 fl., in 1858 sogar 1,433,000 fl.

Endlich führt

18) das „Organ der Fortschrittspartei" in seiner Nr. 114 noch an, daß die Kosten der Landesvertheidigung in früheren Zeiten aus dem Ertrage der Domänen und einiger Hoheitsrechte bestritten worden seyen, daß die Landesherrn die Domänen zum großen Theile aus Einziehung geistlicher Güter durch Staatsverträge, durch Kauf aus Staatsmitteln rc. erworben hätten, und daß

den Ständen verfassungsmäßig das Recht zustehe, über die Verwendung der Erträgnisse aus den Domänen ein Wort mitzusprechen.

Das Letztere ist wohl noch von Niemand bestritten worden.

Indem wir wegen des ersteren Punktes auf die Verhandlungen der 2. Kammer der Stände vom 24. März l. J., Nr. 85—87 unseres Blattes verweisen und bemerken, daß dermalen die Verfassung maßgebend ist, — erinnern wir hinsichtlich desjenigen, was über die Erwerbung der Domänen bemerkt wurde, daran, daß unser fürstliches Haus mit dem Verluste der Hanau = Lichtenberg'schen Besitzungen diesseits und jenseits des Rheins, aus circa 150 Städten, Flecken und Dörfern bestehend, sehr beträchtliche Berechtigungen, Güter, Waldungen ꝛc. einbüßen mußte, welche es von der Gemahlin des Landgrafen Ludwig VIII., als Familiengut ererbt hatte, und daß hierfür und für die mit der Niedergrafschaft Katzenelenbogen ꝛc. verlorenen Domänen, durch die zugegangenen zum großen Theil stark belasteten geistlichen und sonstigen Güter, Waldungen und Berechtigungen und die wenigen Domänen, welche in der Provinz Rheinhessen liegen, in keiner Weise ein genügender Ersatz geleistet wurde, wozu noch kommt, daß trotz diesem das fürstliche Haus $1/3$ der in 1821 vorhandenen Domänen dem Lande zur Schuldentilgung überließ.

Auch mit den bedeutenden standesherrlichen Bezirken gingen keine Domänen zu, da die Standesherrn nach Art. 27 der Rheinbundesacte vom 12. Juli 1806 alle damals von ihnen besessenen Domänen behielten.

Hinsichtlich der Gebiete der ehemals reichsunmittelbaren Ritterschaft liegt dasselbe Verhältniß vor.

Wir glauben, hiermit schließen zu können."

Zum Schlusse dieses §. geben wir aus der „Darmstädter Zeitung" 1863, Nr. 110, folgende Aeußerung eines Mitgliedes des deutschen Reformvereins in der zu Bensheim am 26. April 1863 abgehaltenen Versammlung: „Wie wenig die jüngsten Anträge in der zweiten Kammer in Betreff einer Verminderung der Civilliste ꝛc. gerechtfertigt erscheinen, indem das Familienvermögen des Großherzoglichen Hauses durch seinen jährlichen Ertrag nicht nur die Civilliste und die sämmtlichen Apanagen der Prinzen deckt, sondern noch 310,000 fl. jährlichen Ueberschuß abwirft, der in die Staatskasse fließt und dem Lande zu gut kommt, so daß also der Großherzog und die sämmtlichen Prinzen von den Steuern des Landes gar nichts erhalten, sondern dem Lande jährlich 310,000 fl. geben."

§. 5.

Lebensverhältnisse, Charakter, Bildung, Hofstaat.

Der vielgepriesenen christlichen Milde und Frömmigkeit unserer Landesmutter Mathilde, deren Verlust das Volk nie verschmerzen wird, waren sittliche Grazie, dieser höchste Schmuck der Natur, Schwung der Phantasie, Begeisterung für Kunst und körperliche Schönheit auf die seltenste Weise beigesellt.

Bei dieser wunderbaren Vereinigung solch' je im Einzeln schon hervorleuchtenden Eigenschaften erinnern wir an Das, was Professor Dr. G. Zimmermann bei der

Eröffnung seiner Vorträge über Göthe (am 5. Nov. 1862) hierüber gesagt hat (s. unten §. 8, Nr. 12) und beziehen uns auf die damit übereinstimmende Aussage einer Schriftstellerin (Schopenhauer), welche eine vollendete weibliche Persönlichkeit schön und wahr also schildert: „Nur, wenn sich Seelenanmuth und sittliche Grazie mit körperlichen Reizen verbinden, wird der äußere Zauber weiblicher Schönheit zu einem wohlgefälligen Segen für den sie umgebenden Kreis", ein Segen, welcher, wie Zimmermann a. a. Orte, mit Bezug auf eine den erhabenen Tod eines edeln Königs schildernde Tragödie des Alterthums so rührend bemerkt, „von dem Grabe unserer Höchstseligen Fürstin überschwänglich auf uns niederfließt, gleichwie das Land gesegnet war, in welchem seine Gebeine ruhten."

Die Begeisterung für Kunst, welcher wir als eine ihrer Eigenschaften a. O. im Allgemeinen gedachten, hob sie zu dem Standpunkt eines hervorragenden Einflusses auf die Künstler selbst und deren Thätigkeit. War sie, wie Professor Zimmermann bemerkt, „die erhabene Muse der Vorträge, die sie durch ihre Gegenwart verherrlichte", so erschien sie auch bei den Leistungen der theatralischen Kunst wie einstens die Großherzogin Louise verherrlichend und als begeisterte Kennerin belebend.

Mit besonderer aus ihrer reinen Frömmigkeit erklärbaren Liebe zur geistlichen Musik wohnte sie den in den Jahren 1859, 1860 und 1861 in der Stadtkirche zu Darmstadt Statt gehabten großartigen Charfreitags=Aufführungen der weihevollen St Mathäus=Passion von Johann Sebastian Bach bei, und theilte mit dem jedesmal zahlreich versammelten Publikum ihre Freude am Vortrage selbst und an der mit großer Sorgfalt vorbereiteten und unter Mitwirkung bedeutender Solokräfte vortrefflich unterstützten Ausführung derselben. Diese Passion wurde zum vierten Male am Charfreitag 1863 in der Stadtkirche aufgeführt und zum Andenken an die verewigte Großherzogin die Einnahme von den Eintrittsgeldern der in diesem Jahre neubegründeten Mathildenstiftung zugewiesen.

Den von dem Stadtpfarrer und Schulinspector J. Ritsert zu Darmstadt ins Leben gerufenen Kinder-Kirchen-Concerten widmete sie ihre volle Theilnahme sowohl durch ansehnliche Geldbeiträge (zu denen des Großherzogs K. H. und des Großherzoglichen Hauses) für sämmtliche Concerte, als auch durch ihre Aufmerksamkeit bei Aufführung derselben, denn bald ruhte ihr mildes und klar strahlendes Auge auf der großen Schaar singender Kinder, bald las sie den Text gesungener Lieder nach, und jedesmal blieb sie bis zum Schlusse der Aufführungen zugegen, indem sie ihre Freude über die Kinder und deren Gesänge beim Weggehn ausdrückte, namentlich bei der Einweihung des neuen Schulhauses zu Darmstadt im Herbste 1861 als sie am Schlusse der Feier durch die Reihen der Kinder ging und zu ihnen freundlichst sprach: „Ihr habt sehr schön gesungen."

Diese Concerte wurden in den Jahren 1856, 1857, 1859, 1861 und (nach dem Ableben der Großherzogin 1863) in der Stadtkirche mit den oberen Klassen der Mädchenschule und der ersten Stadtmädchenschule, unter Mitwirkung mehrerer Damen und Herren der Großherzoglichen Oper und theilweise des Lehrerstandes mit älteren und neueren Chorälen, geistlichen Liedern des evangelischen Festkreises theils mehrstimmig, bald vom ganzen Chor bald von einzelnen Klassen in geeigneter Abwechselung ausgeführt.

Welche hohe Bedeutung man Seitens JJ. KK. HH. des Großherzogs Ludwig III. und seiner Gemahlin Mathilde auf den Kindergesang legte, geht daraus hervor, daß bei den Trauerfeierlichkeiten zur Beisetzung der Leiche des Höchstseligen Prinzen Emil von Hessen 1856 auf Allerhöchsten Befehl die Ausführung der Trauergesänge der unter der trefflichen Leitung des Großherzoglichen Stabtcantors Völsing stehenden Stadtschule anvertraut wurde, und daß S. K. H. der Großherzog geruht haben, ihm und den betreffenden Kindern Allerhöchstdessen Zufriedenheit und fürstlichen Dank durch den Großherzoglichen Prälaten Dr. Zimmermann ausdrücken zu lassen. Wie dieser verdienstvolle Stadtcantor am Begräbnißtage der Großherzogin in allen seinen Singklassen mit wahrem Herzen Trauergesänge gesungen und hierbei den tiefgerührten Kindern angesehen wurde, daß sie wohl wußten, wen sie an der Hohen Frau verloren hatten, wird mit folgender Bemerkung eines Anwesenden bezeugt „im Stillen dachten Lehrer und Schülerinnen: die Verklärte wird uns bei diesen feierlichen Trauerklängen eben so freundlich und milde von Oben aus lichten Räumen anlächeln, wie sie es in ihrem Leben mit seltener Huld und Liebe so oft gethan."

Seit dem Jahre 1851 besteht unter der Leitung des an der katholischen Kirche zu Darmstadt als Organisten angestellten Clavierlehrers und Componisten Wilhelm Mickler daselbst ein Kirchen-Gesangverein, welcher zur Verherrlichung des katholischen Gottesdienstes an den hohen Feiertagen und bei andern besondern festlichen Gelegenheiten musikalische Aufführungen gibt, und sich in seinen Leistungen besonders dadurch des allgemeinen Beifalls zu erfreuen hat, weil sich sein Dirigent gleich beim Anfange des Bestehens dieses Vereins zur Aufgabe stellte, der echten Kirchenmusik durch Einführung der, rücksichtlich ihrer Würde und einfachen Schönheit so ausgezeichneten Gesänge Palästrina's, dieses Patriarchen der Harmonie und, wie seine zu St. Peter in Rom befindliche Grabschrift sagt „Musicae princeps" in Darmstadt Eingang zu verschaffen, — ein so gelungenes verdienstliches Unternehmen dieses allgemein geschätzten Künstlers, daß, als zum ersten Male diese herrlichen alten Kirchengesänge ertönten, welchen die beim Gottesdienste anwesende Großherzogin Mathilde nach ihrem gefühlvollen Gemüthe und kunstgebildeten Geiste mit frommer Begeisterung und tiefer Rührung lauschte, der Verein ihrer größten Aufmerksamkeit und Theilnahme würdig befunden wurde, und zwar nicht allein durch jährliche Geldbeiträge (weil derselbe aus Mangel an Fond nur durch freiwillige Beiträge bestehen kann) sondern auch durch sachverständigen und aufmunternden Beifall.

Ganz besonders interessirte sie sich für die Gesänge, welche der Dirigent mit seinem gut eingeübten Vereine jährlich am Charfreitage zur Aufführung brachte: es waren und sind noch jetzt dieses die berühmten „Lamentationen und Improprien" von Palästrina und das „Miserere" von Allegri, welche seit hundert Jahre jährlich in der päpstlichen Kapelle zu Rom gesungen werden und in Darmstadt ihre wunderbare Wirkung nicht verfehlten. Den Besuch dieser Charfreitags-Aufführungen setzte sie in den Jahren 1858, 1859 und 1860 aus dem Grunde aus, weil sie mit dem Großherzoglichen Hofe bei Aufführung der Matthäus-Passion von Bach in gleich großem Interesse für diese weihevolle Musik, in der evangelischen Stadtkirche anwesend war. An den Charfreitagen der andern Jahre war sie stets bei den genannten Aufführungen zugegen; zum letzten Male mit ihrem Gemahle und dem Großherzoglichen Hofe am Charfreitag den 18. April 1862. Bei ihrem letzten Kirchenbesuche am 20. April 1862 (Ostersonntag), 5 Wochen vor ihrem Hinscheiden in die Ewigkeit, drückte sie nach beendigtem Gottesdienste dem anwesenden Dirigenten Mickler auf die huldvollste und ehrenvollste Weise ihre Freude und Zufriedenheit aus. Eben so beifällig nahm sie früher bei einer andern Gelegenheit das von W. Mickler componirte Requiem auf, welches deßhalb auf Anordnung des katholischen Pfarramts bei dem feierlichen Trauergottesdienste für die Höchstselige Großherzogin zur Aufführung bestimmt wurde. (1. Th., S. 108.)

§. 7.

Ableben, Trauerfeierlichkeiten.

Bei dem Trauergottesdienste für die Höchstselige Großherzogin am 30. Mai 1862, Morgens 10 Uhr, in der katholischen Kirche sowohl als auch bei dem am 22. Juni b. J., Morgens, in der evangelischen Kirche (Stadtkirche) zu Darmstadt abgehaltenen, waren jedesmal außer der katholischen und evangelischen Geistlichkeit der Stadt auch die Diakonissinnen des Elisabethenstifts (§. 4,

S. 59 des 1. Th.) und die barmherzigen Schwestern (S. 68, 1. Th.) unter Führung ihrer Oberinnen anwesend.

§. 8.
Denkmal des Nachruhms in Zeugnissen der Liebe, Verehrung und Treue.

Bei dem tiefsten Schmerze, der die Großherzogin Mathilde in die frühe Gruft geleitete, bei den Thränen, die damals um sie flossen und noch jetzt fließen, spricht es sich in stummer Beredsamkeit deutlich genug aus, daß ihr Zeitalter ihren hohen Werth anerkennt und zu würdigen weiß; wahrhaftig! sie hat während ihres kurzen irdischen Daseyns so viel Gutes gewirkt, als wäre das längste ihr Loos gewesen.

Scheint zwar die ihr ganz eigene stille Bescheidenheit, ihre geräuschlose Pflichterfüllung auf den ersten Blick kein Gegenstand weitläufiger geschichtlicher Erwähnung zu seyn, so eröffnet sich mit Rücksicht auf jene anerkennende Stimmung im Volke dem nach ihrer Entstehung forschenden Auge ein mit erhabenen Denkmalen ihrer Wohlthätigkeit und Pflichterfüllung geziertes großes Feld, ein schöneres als je Künstler schaffen konnten, mittelst welcher noch nach Jahrhunderten der Ruhm ihrer sanften milden Tugend verkündet wird, und ein reicher historischer Stoff gegeben ist.

Ein Jahr ist bereits nach ihrem Hinscheiden verflossen, aus dessen Raum wir zur Bestätigung des hier Bemerkten neue Zeugnisse vorlegen können, zu welchen in fortgesetzter Weise für die Zukunft gewiß ganz den bis jetzt mit=

getheilten gleiche von unserer oder anderer Hand ge=
sammelte kommen werden.

Aus diesen Zeugnissen blos zu referiren, nimmt der
Verfasser Anstand; absichtlich will er hier, wie im ersten
Theile der Originalität den Vorzug geben, weil durch
dieselbe die Herzlichkeit des Ausdrucks für Liebe, Ver=
ehrung und Trauer in rührender Weise zu uns spricht
und unsern Betrachtungen höheren Reiz und geistige
Nahrung gibt.

1) **Darmstadt**, 14. März 1863.

Der heutige **Mathildentag** war im **Mathilden=
Landkrankenhaus** der Erinnerung geweiht. Sie,
die im Leben mit aller Innigkeit Ihrer großen Seele
dieses Werk der Liebe gepflegt hat, wurde jetzt als schützen=
der Engel verehrt, der noch im Tode über dem Hause
waltet und ihm noch heute den Vater dieses Landes, den
allverehrten **Großherzog Ludwig III.**, als Protector
des Hauses zugeführt hat. Der Geistliche des Hauses,
Herr Pfarramtsassistent Keil, hat Angesichts des Vor=
standes und des gesammten Frauenvereins in Mitte der
Gemeinde der Kranken auf eine höchst würdige Weise
die Feier geleitet und für die Seele der Verstorbenen
und das ganze fürstliche Haus gebetet.

(Darmst. Ztg. vom 15. März 1863, Nr. 74.)

2) **Darmstadt**, 14. März 1863.

Am heutigen **Mathildentage** wurde die Gruft,
wo die Hochselige Großherzogin ruht, von zahlreichen
Trauernden aus allen Ständen besucht, die Ihrem An=
denken Thränen der Liebe und Verehrung zollten und
Sarg und Kruft mit Blumen schmückten.

(Darmst. Ztg. vom 15. März 1863, Nr. 74.)

3) **Friedberg**, 14. März 1863.

Das Andenken an Ihre Königliche Hoheit, unsere leider so frühe verstorbene geliebte **Großherzogin**, ist heute, wie es künftig am Mathildentage immer geschehen wird, in der Großherzoglichen **Taubstummen-Anstalt** festlich begangen worden, indem aus dem Erträgniß einer von der hohen Frau vormals gespendeten, inzwischen durch ein Geschenk Ihrer Königlichen Hoheit der Frau Prinzessin Karl und mehrere kleine Legate ꝛc. bis zu 219 fl. vermehrten, Liebesgabe einige der vorgeschrittenen Zöglinge kleine Prämien an passenden Büchern und Bekleidungsgegenständen ꝛc. erhalten haben. Die erwachsenen Kinder sind dankbar des Segens inne geworden, dessen Stifterin die erhabene Frau gewesen ist und der nun unter uns noch fortdauert, wo Sie in den himmlischen Gefilden weilt. — Möge auch bei uns Hörenden Ihr Gedächtniß stets gesegnet bleiben!

(Darmst. Ztg. den 15. März 1863, Nr. 74.)

4) **Darmstadt**, 14. März 1863.

Der heutige Tag — als **Mathildenfest** seit 30 Jahren uns ein Tag der Freude — wird zum erstenmal von uns in tiefer Wehmuth und schmerzlicher Erinnerung an den unersetzlichen Verlust, den wir erlitten, begangen. Wer gedenkt nicht heute der edlen Fürstin, die nur im Wohlthun und in dem Glücke, das Sie schuf, Ihr Glück fand? Manche Thräne inniger Liebe und Verehrung fließt heute von neuem der Unvergeßlichen, die wir leider so frühe verloren. Wer aber ihr Andenken wahrhaft ehrt, der bestrebt sich in Ihrem Geiste zu handeln. In diesem Sinne gaben Seine Königliche Hoheit der Großherzog dem heutigen Tage die schönste Weihe. Allerhöchstdieselben geruhten, den wohlthätigen Anstalten, welche der Höchstseligen Großherzogin so sehr am Herzen lagen und sich Deren besonderer Fürsorge erfreuten, in reicher Gnade zu gedenken. Durch huldvolles Allerhöchstes Handschreiben schenkten Seine Königliche Hoheit dem Mathilden-Landkrankenhause Eintausend Gulden und erklärten Sich zugleich, an die Stelle der Höchstseligen Großherzogin Königlichen Hoheit, zum Protector dieser Anstalt. — Den barmherzigen Schwestern, dem Diaconissenhause Elisabethenstift und dem Rettungshause zu Hähnlein geruhten Seine Königliche Hoheit auf gleiche Weise je Zweihundert und der Blindenanstalt in Friedberg Einhundert Gulden zu überweisen. — Des Himmels reichsten Segen dem Fürsten, der, stets Selbst so mildthätig und liebevoll, dem Drange Seines eigenen Herzens folgend, so hochherzig im Geiste Seiner verklärten Gemahlin den heutigen Tag feiert!

(Darmst. Ztg. vom 14. März 1863, Nr. 73.)

5) **Darmstadt**, 15. März 1863.

Gestern, als am **Mathildentage**, fand im hiesigen Rathhaussaal die **erste ordentliche Generalversammlung** der **Mathildenstiftung** für die Provinz Starkenburg Statt. In Verbindung des Vorsitzenden, Herrn Generalmajor Weitzel, eröffnete dessen Stellvertreter, Herr Oberstudienrath Dr. Wagner, die Versammlung mit folgenden Worten:

Verehrte Anwesende! Dem ersten Vorsitzenden des provisor. Vorstandes unserer Mathildenstiftung, dem Großherzoglichen Oberbürgermeister Kahlert, war es nicht lange beschieden, derselben seine gewohnte Thätigkeit zu widmen. Nach seinem sehr bedauerlichen Hintritt ward die Stelle eines Vorsitzenden dem Herrn Generalmajor Weitzel übertragen. Da dieser durch dienstliche Obliegenheiten verhindert ist, unserer heutigen Versammlung beizuwohnen, so habe ich die Ehre, diese zu eröffnen.

M. H. Der heutige Tag muß für uns und das ganze Hessenland ein hehrer Tag seyn. Er trägt den Namen und erneut lebhaft in uns das Bild der edlen Fürstin, die ein Lebensalter hindurch in ihrer holdseligen Erscheinung überall Glück und Freude um sich zu verbreiten wußte, die den Leidenden und Bedürftigen huldvoll und hülfreich sich nahte mit der Liebe einer Mutter, mit der Freigebigkeit einer Königin und mit dem still bescheidenen Sinn einer Christin, welcher die Linke nicht wissen ließ, was die Rechte that. Ihr allzufrühes Hinscheiden mußte im ganzen Lande einen tiefen Schmerz hervorrufen, und alsbald sprach sich das Gefühl und Bedürfniß aus, der allgeliebten und allverehrten Landesmutter als Zoll der Dankbarkeit ein bleibendes Denkmal zu setzen. Da es sich nicht fügen wollte, ein solches aus Erz oder Stein aufzurichten, was lag näher, als der Gedanke, die Verklärte in ihrem wohlthätigen Thun, in ihrem stillen Liebeswerke fortleben zu lassen und an ihren Namen für immer Trost, Hülfe und Freude zu knüpfen? So entstand die Mathildenstiftung. Ihr nächster Zweck ist, öffentlich Zeugniß zu geben vor Mit- und Nachwelt, wie sehr und allüberall in Hessen Großherzogin Mathilde verehrt und geliebt war, eine Ehrenschuld an sie abzutragen und ihr gesegnetes Andenken nicht ersterben zu lassen, vielmehr auf späte Geschlechter zu erstrecken. Das Mittel dazu ist die Mildthätigkeit in dem Sinn und Geist, wie die Verewigte sie übte, aus reiner Menschen-